Hanns Koren ❀ Bauernhimmel

Hanns Koren

Bauernhimmel

Heiligendarstellungen im bäuerlichen Brauchtum

Styria

Die Originale der Bilder und des Einbandes
stellte uns freundlicherweise
Herr Alexander Andrich
aus seiner reichhaltigen Sammlung zur Verfügung

Printed in Austria
Graphische Gestaltung: Hans Paar
Gesamtherstellung:
Druck- und Verlagshaus Styria, Graz
ISBN 3-222-10780-7

Inhalt

Dieses Buch will den Menschen der Gegenwart zeigen, was unsere Vorfahren wußten und glaubten, wenn sie die Bilder der Heiligen auf ihren kleinen Hausaltären betrachteten oder ihnen unterwegs auf Bildstöcken, in Kapellen oder auf Kirchenwänden begegnet sind. So hat sich auch die Sprache bewußt der naiven Frömmigkeit der Beschauer angepaßt. Die kurzen Lebensbeschreibungen der hier ausgewählten himmlischen Fürsprecher, die von alters her in unseren Bergen und Tälern Heimatrecht besitzen, wollen also kein Beitrag zur modernen wissenschaftlichen Legendenforschung sein; wohl aber wollen sie auf den Schatz bäuerlicher Tradition hinweisen, dessen Bewahrung uns am Herzen liegen sollte.

Zum Geleit

Aus meinen fernen Kindertagen hat sich von der breiten und satten Behaglichkeit der Kleinstadt, in die ganz unversehens und dem kindlichen Ohr doch so vernehmbar die laute Trommel der Mobilisierung zum Ersten Weltkrieg hineinwirbelte und einer ganzen Heerschar von Ereignissen den Weg freischrie, manches seltsam lebendige und bunte Bild mir bis heute erhalten. Und durch die liebsten dieser Bilder, die ich mir immer noch und gerne zu Trost und stiller Freude aus der Erinnerung suche, geht eine schlichte, fromme Frau. Geht im langen, grauen Schultertuch, das auch den kleinen Buben noch mitnimmt in seinen Schutz, mit mir durch die finstere Dezemberfrühe zur Rorate. Und steht dann wieder mit der weißen, rupfenen Schürze am großen Herd und sorgt für uns. Wie tief grüßen mich heute noch ihre dunklen Augen, die so oft voll halbverkämpfter Tränen standen, in gütiger Klugheit, wie freundlich neigt sich mir noch immer ihr Scheitel herab, das helle Sträßchen

durch das geteilte Haar, das seinen nußbraunen Glanz nie völlig unter dem weißen Gespinst der siebzig Jahre verlor: meine Großmutter.
Meine höchste Freude war es immer, wenn ich in ihrer Schlafstube zur Ruhe gebracht werden sollte. Da stellte sie den schwarzen Diwan verkehrt an die Wand, damit ich und meine Decke nicht zu Boden gleiten konnten, und richtete mir das Lager. Lange mußte ich allein bleiben, bis sie von später Arbeit auch zur Ruhe kommen konnte. Sie gab mir von ihrem Hausaltar einen blaubemalten Schutzengel auf den Polster, und unter seiner vertraulichen Nähe war mir der dunkle Raum, in den das kleine Öllicht vor der Muttergottes seine unruhigen Schatten warf, zur Not erträglich. Dann kam sie endlich über die Stiege herauf und wunderte sich meist, daß ich noch wach sei. Ich aber hatte mich wachgehalten, um ihr langes Abendgebet zu hören, das sie immer laut sprach und das ich als unendlich friedlichen Abendsegen bis heute nicht vergessen habe. Freilich, das Ende habe ich nie gehört, jedesmal war ich mitten drinnen, den blauen Engel fest in Händen, in einen sorglosen Schlaf hinübergeschlummert.
So sind mir die Heiligen in früher Kindheit zum ersten Mal begegnet. Herbeigerufen zum Schutz und Beistand in aller menschlichen Bedrängnis, stiegen sie in hellen Scharen aus dem Sternenzelt des Nachthimmels und füllten den kleinen Raum. Später habe ich sie gesehen: auf Hausgiebel gemalt, als Statuen in Bildstöcken und Kapellen verehrt, über heilige Bäume und Brunnen ihre

segnende Hand haltend. Und so, wie ich sie aus den frommen Erzählungen der Großmutter behalten habe, will ich ihre Lebensgeschichten wiedergeben: zur Erinnerung und Erbauung und auch zur Mahnung, die früher dem Volk so vertrauten Gestalten nicht ganz zu vergessen.

Barbara

Genau weiß ich noch, wie meine Großmutter ihr Leben und die immer erwartete Sterbestunde der heiligen Barbara empfahl:

> O heilige Barbara, du edle Braut,
> mein Leib und Seel' sei dir vertraut;
> sowohl im Leben als im Tod
> komm mir zu Hilf' in aller Not,
> daß ich an meinem letzten End'
> empfang das heilige Sakrament.
> Bei Gott mir nur so viel erwirb,
> daß ich in seiner Gnade stirb.
> Den bösen Feind weit von mir treib,
> mit deiner Hilf' stets bei mir bleib.
> Wenn sich die Seel' vom Leibe trennt,
> so nimm sie auf in deine Händ'.
> Behüt sie vor der Höllenpein
> und führ sie in den Himmel ein. Amen.

Und schon die Knabenfrage erfuhr als Antwort die liebliche und doch so marterreiche Legende der jugendlichen Heiligen.

Dreizehn Jahre war Barbara alt und wunderschön. Selbst Dioskurus, ihr Vater, ein reicher Kaufmann in Kleinasien, war immer wieder ergriffen von der leuchtenden Reinheit, die über ihrem Antlitz lag. Und damit Barbara ihre Reinheit und Schönheit unversehrt bewahre, ließ ihr Vater einen Turm bauen und kostbar ausstatten, in dem das Mädchen, vor allen Fährnissen sicher, ihre Jugend verbringen könne. Gleichwohl aber dachte er doch schon daran, seiner Tochter einen würdigen Bräutigam zu gewinnen. Doch Barbara wies dieses Ansinnen immer wieder unter dem Vorwand zurück, sie wolle dem Vater, so gut es ginge, die frühverstorbene Mutter im Hauswesen ersetzen. In Wirklichkeit aber war Barbara Christin geworden und hatte ihr Leben und ihre Jungfräulichkeit dem Herrn zum Opfer gebracht. Da geschah es, daß sich der Vater zu einer langen Reise rüsten mußte. Als er vor seinem Aufbruch Barbara um einen Wunsch befragte, bat sie ihn um eine Badestube in ihrem Turm. In dieses Badezimmer ließ sie drei Fenster einbauen als Sinnbild der Heiligsten Dreifaltigkeit und an die Wand ein großes Kreuz anbringen. Dort verbrachte Barbara die meisten Stunden ihrer Einsamkeit, betete oder saß stundenlang am Fenster und betrachtete von Tag zu Tag das Wachsen und Vergehen in der Natur und von Nacht zu Nacht den Kreislauf und die Wunderpracht der Gestirne.

Immer tiefer und fester verwurzelten sich der Glaube und die Liebe zum göttlichen Bräutigam in ihrer Seele, so daß sie sich stark genug fühlte,

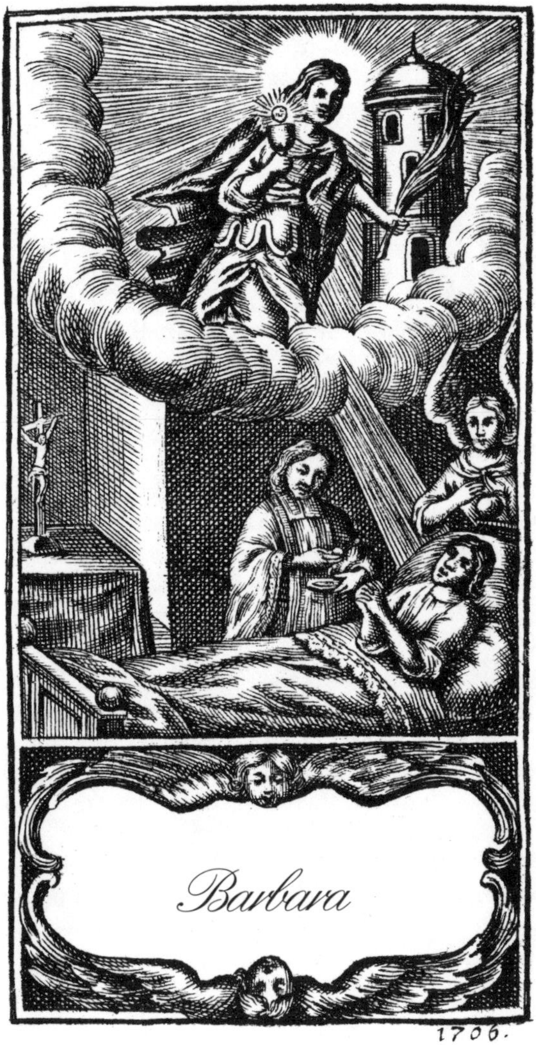

1706.

dem Vater nach seiner Rückkehr ihren Glauben zu bekennen. Als nun Dioskurus heimkam, trat sie ihm mutig, wie sie es sich in der langen Wartezeit vorgenommen hatte, entgegen und bekannte ihm, daß sie Christin geworden sei, daß sie in den drei Fenstern ihrer Badestube ein Sinnbild des Dreifaltigen Gottes verehre und daß das Kreuz das Siegeszeichen Jesu Christi sei, dem sie ihr Leben und ihre Jugend dargebracht hätte. Alle Freude des Wiedersehens, alle Liebe und väterliche Zuneigung wandelten sich bei diesen Worten in maßlosen Zorn. Dioskurus hob sein Schwert gegen das eigene Kind. Barbara aber entkam seinem Zugriff und entfloh. Ihre zarten Schühlein zerrissen am Geröll, und die weiße Seide ihres Kleides verfing sich oft im niedrigen Dorngestrüpp. Immer näher kam der Verfolger, eine sinnlose Wut jagte ihn, das offene Schwert in der Hand, seinem gehetzten Kinde nach. Plötzlich stand Barbara vor einer Felswand, die ihr jeden weiteren Fluchtweg versperrte. Entsetzt hob sie ihre Hände zum Himmel auf — und siehe!, vor ihrem Vertrauen teilte sich plötzlich der Fels. Ein kleiner, schmaler Stollen nur war es, der sich ihr auftat und sich hinter ihr wieder schloß. Machtlos sah der Vater das Wunder der Rettung seiner Tochter. Diese aber war durch den Felsstollen hindurchgegangen und auf der anderen Seite der Wand wieder an den Tag gekommen. Da saß sie nun im Schatten eines Baumes und suchte wieder zu Atem zu kommen. Die Kräuter um sie dufteten stark und heilkräftig, und ihr süßer Schwall er-

frischte Barbara. Ein Bach orgelte durch den Grund, und im hohen, unermeßlichen Blau des Himmels stand die späte Nachmittagssonne. Keinen Menschen gewahrte Barbara. Und doch hatte sie einer gesehen, von weitem freilich nur, ein Hirte, der es nicht wagte, sich der Tochter des reichen und mächtigen Dioskurus zu nähern. Heimzu ging er, den Weg um den Berg. Da stieß er auf den wütenden Verfolger und beschrieb ihm arglos Barbaras Zufluchtsort. Diese war indessen eingeschlafen, aber nur zu leichtem Schlummer, der ihr die ärgste Müdigkeit nahm. In diesen sanften Schlaf hinein hörte sie nun plötzlich Steine rollen, kollernd und polternd über eine Halde hinab. Sie schreckte hoch und suchte mit den Augen hangauf, hangab. Da sah sie schon ihren Vater nahen. Erneut ergriff sie die Flucht. Doch diesmal sollte sie dem wütenden Vater nicht mehr entkommen. Über einen kleinen Rain hinab eilte sie, um sich dem Blick des Vaters wenigstens für eine Zeit zu entziehen, geradewegs in einen dichten Dornstrauch, in dem sich Kleid und Haare schmerzhaft verfingen. Wohl versuchte sie sich loszureißen, doch zu spät, Dioskurus hatte sie bereits gefaßt.
Mit Schimpf trieb er Barbara vor sich her. Der Weg führte sie nicht mehr zurück in ihren Turm, sondern in das Haus des Richters Martian. Diesem überantwortete der unmenschliche Vater seine Tochter zu Verhör und Urteil. Martian war ein wohlerzogener, gepflegter junger Mann, der viel auf gute Manieren, besonders Frauen gegenüber, hielt. Ihm gefiel Barbara sehr, und

er versuchte durch Freundlichkeit und Güte ihr Herz zu gewinnen. Er erinnerte die junge Bekennerin an die große Liebe ihres Vaters, dem sie nun so unermeßlichen Kummer bereite. Er hielt ihr die Macht der Götter vor Augen, die sie in ihrer jugendlichen Unerfahrenheit verleugne. Aber Barbara wußte, daß es in Wahrheit nur einen Gott gebe und daß man diesem einen Gott mehr gehorchen müsse als den Menschen, ja selbst dem eigenen Vater. Doch Martian gab nicht nach, er versuchte es mit Schmeicheleien und schönen Worten, mit Versprechungen und lockender Verheißung. Barbara widersprach immer fester, immer gelassener. Da rief Martian die Schergen, um Barbara mit Gewalt zur Abkehr von ihrem Gott zu bewegen. Erst waren es nur gelinde Rutenstreiche, sie wirkten nicht. Dann fielen Stockhiebe, wild und gewaltsam. Schließlich sausten die spitzen Eisenhaken der Geißeln auf die kleine Heilige nieder. Schon begann sich die Seide des Kleides zu röten, aber Barbara ließ nicht ab von ihrem Bekenntnis, bis sie endlich zerschlagen und aus unzähligen Wunden blutend zu Boden sank. Ohnmächtig lag sie vor dem Richter, der befahl, sie ins Gefängnis zu werfen.

In der Nacht erwachte Barbara. Schmerzgepeinigt wälzte sie ihren zarten Körper über die karge Strohschütte. In die Finsternis und Verlassenheit des Verlieses hinein erhob sie ihre leuchtende Seele und pries den Herrn, der sie in Marter und Verfolgung ihm so ähnlich werden ließ. Da traten die dunklen Wände des Gefängnisses zurück, und in einer unsagbaren Lichtfülle stand Herr Jesus vor seiner kleinen Braut. Im Segen seiner Worte heilten die Wunden, und ein unendlicher Trost floß in die Seele des zerschlagenen Körpers. Als die Schergen am anderen Morgen Barbara wieder vor den Richter führten, war sie heil und schöner denn je. Staunend bemerkte es Martian, allein seine Augen wollten darin eine Wundertat der Heidengötter erblikken, die ihr Wohlgefallen an Barbara auf diese Weise kundgetan hätten. „Nein", rief Barbara, „nein, das hat mein lieber Herr Jesus allein getan! Glaube nicht, daß deine Götzen aus Ton und Erz jemals des Wunders des Lebens fähig wären!" Auch Dioskurus wohnte der Verhandlung bei und stachelte nach diesen Worten seiner Tochter den Richter auf zu Schärfe und Gewalt. Noch einmal versuchte es Martian mit freundlicher Rede, noch einmal sollten Geißelhiebe und Rutenstreiche die heilige Jungfrau zum Opfer vor den Götzen bewegen. Da aber alles vergeblich schien, sprach der Richter über Barbara das Todesurteil. Sogleich fielen die Schergen über das fromme Kind her, rissen ihm die Kleider vom Leib und verstümmelten seinen Körper mit Zangen und Messern. Auf dem Richtplatz forderte der Vater selbst das Henkersschwert. Toll geworden, fuhr er damit auf Barbara los und trennte ihr Haupt vom Körper. Hoch wie ein Springquell schoß ein leuchtender Blutstrahl aus dem gefällten Leib — und im selben Augenblick stürzte ein flammender Blitz nieder und erschlug den Vater, der eben sein Kind ermordet hatte.

In der Verwirrung des Gewitters gelang es einigen Christen, den Leichnam der kleinen Heiligen in Sicherheit zu bringen. Bald ward ihr Grab eine Stätte frommer Verehrung.

Rasch sprach sich die Heiligkeit und Standhaftigkeit der jugendlichen Bekennerin in allen Christengemeinden Kleinasiens herum. Die Verehrung und Andacht zur heiligen Märtyrin Barbara wuchs von Jahr zu Jahr, und bald erfuhr die Kirche von Rom von ihr. Mit der heiligen Katharina mit dem Rad und der heiligen Margaretha mit dem Wurm wurde nun auch Barbara mit dem Turm verehrt. Und mit diesen beiden heiligen Frauen zog sie auch zu den elf männlichen Heiligen, und sie alle zusammen schauen bis zum heutigen Tage als die Vierzehn Nothelfer von ihren Altären auf die frommen Menschen und deren Anliegen nieder.

Bild und Leben der heiligen Barbara sind tief in das Eigentum unseres Volkes übergegangen. Und nicht immer nur mit betenden Händen greift man nach ihrem heiligen Namen. Den Mantel der Sage legte man um sie und sieht sie im Reigen der saligen Fräulein durch Wälder und über Almen wandern. Vor allem sind es die Mädchen und Frauen, die sie mit ihrem Vertrauen auch in weltlichen Dingen umwerben. An ihrem Tag, am 4. Dezember, ist es schicklich und ratsam, Kirschzweige vom winterlichen Baum zu holen und in Wasser zu setzen: Barbarazweige. Und sorglich steht dann das Geschirr in der Nähe des Ofens oder am Mäuerl über dem Herd, damit die warme Luft das

Wachstum der Reiser befördere und gewährleiste. Denn am Heiligen Abend sollen die Zweige in Blüte stehen und Glück und Gesundheit — oder am Ende gar noch den Bräutigam — im kommenden Jahr verheißen. Das ist ein uralter Baumglaube zu kalter Winterszeit, da und dort und auch unter anderem Namen bekannt. Aber daß er sich in unserer Heimat gerade an diesem Tage eingebürgert hat, deutet auf das frohe Vertrauen, das das Volk der schönen jugendlichen Heiligen und ihrer Fürsprache zu Füßen legt.

Die Artilleristen, die sie, die im wehrhaften Turm Verschlossene, als ihre getreue Schutzherrin verehren, feiern am 4. Dezember ihr großes Fest. Auch die Wächter der Pulvertürme begeben sich unter den Schutz der Heiligen.

Daß Barbara auf der Flucht vor dem wütenden Vater durch den Felsstollen so heil und wunderbar entfliehen konnte, haben die Bergleute gerne gehört und zum Anlaß genommen, ihr die mühevolle Arbeit unter Tag zu besonderem Schutz zu empfehlen. Steinsturz und Wasserbruch, schlagende Wetter und so manche unvorhersehbare Gefahr umdrohen den Bergmann in jeder Stunde. So weiß er die gnädige Schützerin auch zu schätzen und zu verehren. Vor jeder Grubenfahrt sind noch zu unserer Großväter Zeit die Häuer und Förderer im Schichtenzimmer zusammengekommen und haben ihr Tagesschicksal der Heiligen vertrauensvoll in die Hände gelegt. In jeder Bergmannsstube daheim hängt ihr Bild, und noch heute ist es immer wieder ein frohes Fest tief unter Tag, wenn in einem neuen Stollen ein Bild der Heiligen angebracht wird. Am Barbaratag brennt dann ein Grubenlicht davor, und wer es ihr hingestellt hat, hofft vertrauensvoll, daß kein jäher Tod ihn aus der Arbeit fortrufen werde. Am Sonntag nach dem Barbaratag ist der große Kirchtag der Bergleute. Voran wird die grüne Fahne getragen, die Musik der Knappen in der glänzend schwarzen Festtracht mit den weißen Thdersträußen am schwarzen Helm und dem gewichsten Schurzleder um die Mitte spielt einen schmetternden Marsch, und alles Bergvolk vom Berginspektor und Bergdirektor bis zum jüngsten Häuerlehrbuben fügt sich frohgemut dem drängenden Viervierteltakt. Nach Amt und Predigt hält am Nachmittag die eigentliche Barbarafeier alten Bergmannsbrauch in Ehren. Der Ledersprung der jungen Bergleute, der zünftige Einstandsbrauch, gibt zu heiteren Reimen über das Leben und die Begebnisse des verlaufenen Jahres willkommenen Anlaß. Lied und Trunk halten die Werkleute mit ihren Angehörigen und Freunden bis in die späte Nacht hinein beisammen, beschließen das alte und leiten das neue Bergmannsjahr ein.

Überall in unserer Heimat ist die heilige Barbara als bewährte Fürsprecherin für eine glückselige Sterbestunde bekannt. Sie selber hat, so grausam und schreckenerregend ihr Tod auch gewesen ist, ihre Seele geradewegs dem Herrn in die Hände geschickt. Darum bittet man sie um die Gnade ihres Beistandes in der Todesstunde. Daß sie auch dir und mir ihn nicht versage!

Sebastian

In den Briefen und Büchern der Dichter und Künstler, die in früheren Zeiten nach Italien und Rom reisten und über ihren Aufenthalt in der Ewigen Stadt berichteten, vergißt keiner vom Zauber und von der stillen Größe der alten Via Appia zu sprechen. Zeichnungen und Malereien der romantischen Südlandfahrer vermitteln uns heute noch die Stille und Schönheit der damals wenig befahrenen Straße. In unserer Zeit, da Romreisen in großen Gruppen unternommen werden, in Pilgerfahrten, die sich der Bequemlichkeit des Reisetourismus bedienen, sind es jährlich viele Hunderte Menschen, junge und ältere aus unseren Bergen und Tälern, zu deren Besuchsprogramm immer auch eine Fahrt bei dem Kirchlein „Quo vadis" vorbei über die Via Appia gehört. Das eigentliche Ziel aber sind die Katakomben, die in tiefen Schächten und Grotten beiderseits der Straße unter der Erde die Grabstätten der Christen aus den ersten Jahrhunderten in sich bergen. Genannt und unter-

schieden werden diese Katakomben nach den Kirchen und Klöstern, die über ihren Eingängen errichtet sind und die ihren Namen dem Blutzeugen Christi, der dort bestattet wurde, verdanken. So steht auch das Gotteshaus San Sebastiano über der Katakombe, in die man zur Zeit der diokletianischen Christenverfolgung in der zweiten Hälfte des dritten Jahrhunderts den durchschossenen und schließlich durch Prügelhiebe getöteten Leib des kaiserlichen Kohortenführers Sebastian gebracht hatte.
Und wie kommt die Sebastiankirche zu ihrem Namen, der schlichte gotische Bau, der auf einer künstlichen Aufschüttung im steirischen Kainachtal errichtet ist? In seinem Inneren trägt das Heiligtum, früher einmal in der stillen Einsamkeit des breiten, weithin sumpfigen Talbodens gelegen, kostbare Schnitzereien an den Altären und mitten in der Kirche auf einer Säule die Statue des Patrons, die den seiner Kleidung fast entblößten, mit gefederten Pfeilen gespickten Heiligen zu tröstender Verehrung darstellt. Scharenweise kamen früher einmal die Pilger von weither, aber auch heute noch ist an bestimmten Tagen des Jahres die Kirche das Ziel gläubiger Menschen: „Verlobte" Prozessionen sind es — in der Zeit der Pest mit Bitte um Verschonung oder mit dem Dank für Bewahrung versprochen —, die auch heute noch getreu eingehalten werden. Von der Via Appia in den weststeirischen Kainachboden, vom dritten Jahrhundert bis an die Schwelle des dritten Jahrtausends ein Bogen des gleichen Glaubens und Vertrau-

ens, nicht mehr von der Mächtigkeit der ganzen Volksseele bewegt und getrieben, aber doch von manchem schlichten Gemüt in der Treue zur Überlieferung einer frommen Mutter wahrgenommen.
Sebastian wurde in Mailand geboren, das Jahr ist ungewiß, liegt aber wohl vor oder wenig nach 250. Als hoher kaiserlicher Offizier hielt er streng auf Zucht und Disziplin seiner Truppe, mehr aber trieb ihn sein Gewissen, verfolgte Christen in ihrer Standhaftigkeit zu bestärken. Als die Zwillingsbrüder Marcellius und Marcus ihres Glaubens wegen enthauptet werden sollten, kamen die Mutter, der Vater und schließlich die beiden Ehefrauen der Verurteilten mit ihren Kindern, um die Bekenner zum Opfer vor den Heidengöttern zu bewegen. Sebastian aber trat vor die Brüder hin und ermahnte sie, den Herrn nicht zu verleugnen und nicht auf die ewige Krone des Märtyrertodes zu verzichten. Und ebenso sprach er zu den Angehörigen, wie besser und richtiger es sei, dem wahren Gott treu zu bleiben, als um des kurzen irdischen Lebens willen den ewigen Lohn auszutauschen. Sein Wort war so überzeugend, daß sich Zoe, die Frau des Hauses, in dem die beiden Verurteilten gefangen lagen, zu Füßen Sebastians niederwarf. Zoe war stumm, und Sebastian erbat von Gott als Zeugnis der Wahrheit seiner Worte, dem Weib wieder die Zunge zu lösen. Alsbald konnte sie sprechen und verkündete, daß Sebastian alles, was er über Christus und den Glauben gesagt, aus einem heiligen Buch gelesen habe,

das ein Engel vor ihm aufgeschlagen hielt. Dieses Wunder bekehrte auch Zoes Mann, der die beiden Gefangenen freiließ. Diese aber wollten kein geschenktes Leben, bekannten mutig ihren Glauben und wurden schließlich hingerichtet. Als Zeugen ihres heldenhaften Todes bekehrten sich all ihre Anverwandten und ließen sich taufen. Als Tranquilinus, der Vater der beiden tapferen Christen, mit der Taufe gleichzeitig auch die Heilung von böser Krankheit erfuhr, kam dieses Geschehen dem Präfekten von Rom zu Ohren. Er ließ Sebastian zu sich rufen und verlangte von diesem, auch ihn von seiner Krankheit zu heilen. Das könne nur geschehen, meinte Sebastian, wenn alle heidnischen Götterbilder im Hause des Präfekten vernichtet würden.

Da die heidnischen Knechte sich weigerten, den Befehl auszuführen, bot er sich selbst an, diese Arbeit zu verrichten. Und siehe, der Präfekt Cornatus genas und ließ sich mit seinem Sohn taufen.

Nun aber verklagte man Sebastian beim Kaiser. Diokletian ließ ihn zu sich rufen und unterzog ihn einem strengen Verhör. Sebastian leugnete nicht, bekannte Christus als seinen Herrn. Keine Folter und keine Qual konnten ihn von seinem Glauben abbringen. Auf offenem Feld wurde er an einen Baum gebunden. Umstellt von Bogenschützen, sah er tapfer seinem Martyrium entgegen. Der Befehl zum Schießen wurde gegeben, und bald hingen die Kleider in Fetzen an seinem mit Pfeilen gespickten Körper. Die Soldaten meinten, ihn getötet zu haben, und machten sich

davon. Nach einigen Tagen aber erschien Sebastian im kaiserlichen Palast und hielt furchtlos und in gewaltiger Rede den Mächtigen ihre Untaten an den unschuldigen Christen vor. Mit Stecken wurde er nun zu Tode geprügelt, und damit kein Christ ihn als Märtyrer verehre, wurde sein Leib in eine Kloake geworfen. Sebastian aber kam in den Traum der heiligen Lucina und wies ihr die Stelle, an der er lag. Mit einigen Getreuen holte sie heimlich die sterblichen Überreste des Märtyrers und bestattete diese vor den Toren der Stadt.
Die Ehre Sebastians wurde nie mehr vergessen. Weit über das Abendland hin trachtete man, Reliquien aus seinem Grab zu holen. Die Schützen erwählten ihn der Pfeile wegen zu ihrem Patron. Kleine silberne Sebastianpfeile weihte man und trug sie als schützendes Heiltum im Gewand. Der vielen Wunden halber, die seinen jungen Leib entstellten, wurde er in der Zeit der Pest der vielverehrte Fürsprecher in dieser großen Heimsuchung der Menschheit. Fast jeder Pestaltar und jede Pestsäule in unseren Kirchen und auf unseren Marktplätzen zeigen ihn neben dem heiligen Rochus mit seiner Wunde am Oberschenkel. Vielenorts öffnet sich darunter auch eine Grotte mit der lieblichen heiligen Rosalia, die, seit sie auf dem Monte Pellegrino bei Palermo aufgefunden, auch als Pestpatronin verehrt wurde.
Fröhliches Brauchtum und frohes Wettschießen an seinem Feiertag, dem 20. Jänner, feiern die Jäger und Schützen, die sich unter seinem Na-

men zusammengetan und verbrüdert haben. Und ein Lostag ist der Sebastiantag auch noch geworden, und selbst wenn es stürmt und schneit an seinem Tag, der Bauer weiß, daß der Frühling wiederkommt:

Fabian und Sebastian
läßt den Saft in die Bäume garen.

Agnes

Bis heute habe ich die Lieblichkeit eines Bildes nicht vergessen können, das sich in jenen seligen Kindernächten, da ich das fromme Tun der Großmutter belauschte, so tief in meine offene Seele legte. Noch immer sehe ich den breiten, goldenen Rahmen, noch immer auch den hellen Grund, darauf in zarter Seidenstickerei ein Mädchen von unwirklicher Anmut ein kleines Lamm durch ein Lilienpförtlein führt. Wie wünschte ich damals, dieses holdselige Kind möge sich des Tages mir als Spielgefährtin nähern und natürlich auch das weiße, kraushaarige Lämmlein mitbringen. Aber ein schmaler Heiligenreif stand über seinem Köpfchen, und der hätte sich wohl verfangen im struppigen Föhrengeäst oder wäre ins Wasser gefallen und fortgeschwommen, wenn wir im nahen Bach Steine zu einem bescheidenen Wehr zusammentrugen. Unsere wilden Knabenspiele hätten zur heiligen Jungfrau Agnes schlecht gepaßt. Der Großmutter hatte sie den Namen geliehen, und darum wohl wußte die alte Frau die Geschichte der Heiligen so gerne und so ausführlich zu erzählen. In jenen frühen Zeiten unseres christlichen Glaubens, da Kaiser Konstantin regierte und noch das Heidentum weitum die Menschheit in Macht und Nacht gefangenhielt, lebte zu Rom ein junges Mädchen, Agnes mit Namen, das aus einer alten und angesehenen Adelsfamilie stammte. Schon in früher Kinderzeit war es im Glauben an Jesus Christus unterwiesen worden, und immer inniger verklärte sich dieser junge Glaube zu einer tiefen, bräutlichen Liebe, die Agnes für alle Ewigkeit mit ihrem göttlichen Herrn verband. Schön und ebenmäßig waren das Antlitz und die Gestalt der jungen Christin, und so war es nicht verwunderlich, daß manch junger Herr, den die Schönheit und wohl auch der edle Name und das reiche Erbe der Agnes lockten, sich ihr zu nähern versuchte. So war auch der Sohn des Stadthauptmannes in heißer Sehnsucht nach Agnes entbrannt, und weil er anders keinen Weg wußte, ihr seine Neigung zu offenbaren, trat er ihr auf der Straße entgegen und gestand ihr seine Liebe. Jedes andere Mädchen hätte gewiß an dem stattlichen Wuchs des jungen Herrn, an seinen prächtigen Kleidern, an der übertriebenen Sorgfalt, mit welcher Haupthaar und Lippenflaum gepflegt erschienen, und an seinen werbenden Worten Gefallen gefunden. Aber Agnes hörte nur mit halbem Ohr hin, als er ihr seine Vorzüge und seine sichere Anwartschaft auf hohe Ehrenstellen zu bedenken gab, das winkende Erbe des väterlichen Palastes und

Ste Agnès.

Vermögens in Aussicht stellte und das köstliche Geschmeide und Edelgestein aus der Schatzkammer seiner Familie schilderte. In ihr war groß und leuchtend ihr lieber Herr Jesus gegenwärtig, der Bräutigam ihrer Seele, dem sie ewige Treue geschworen. Als sie, in innerliche Zwiesprache mit ihrem Herrn versunken, auf alle drängenden Fragen keine Antwort gab, riß sie der ungestüme Jüngling an sich und forderte drohend ihr Jawort. Da faßte sich Agnes und begann zu reden. Aber so weise und klar war ihre Sprache, daß man nicht sie selbst, sondern einen anderen aus ihr zu hören meinte. Sie sprach von einem Geliebten, dem sie in ewiger Treue verbunden sei, der aus dem edelsten Geschlechte stamme, der die köstlichsten Reichtümer besitze und seiner Braut zu eigen gebe und der ihr Kleinodien und Fingerring zu unlöslichem und ewigem Brauttum geschenkt habe. Von jenem göttlichen Bräutigam aber hatte der Sohn des Stadthauptmannes weder Wissen noch Verständnis. So wuchs eine wilde Eifersucht in seinem Herzen. Zu Hause warf er sich auf sein Lager, und zum ersten Mal seit längstvergangenen Knabenjahren begann er wie ein gezüchtigtes Kind zu weinen und zu klagen. Immer tiefer weinte er sich in seinen Kummer hinein, Fieber schüttelte ihn, und er begann irr und verwirrt zu reden. In Sorge hatten die Eltern die angesehensten Ärzte herbeirufen lassen, die die geheimnisvolle Krankheit des Jünglings heilen sollten. Bald erkannte man die Ursache des Übels, und auf den Rat der Ärzte und der Anverwandten, Hilfe zu suchen, wo sie allein zu finden wäre, machte sich der Stadthauptmann auf und ging zu Agnes. So gewinnend er aber für seinen Sohn sprach, auch ihm sagte Agnes ohne Scheu, daß sie längst einem anderen Bräutigam verlobt sei, dem sie treu bleibe in Zeit und Ewigkeit.

Der Stadthauptmann mußte unverrichteter Dinge abziehen. Umso eifriger forschte er nach dem unbekannten Bräutigam. Als er dabei erfuhr, daß Agnes Christin sei, wußte er sogleich, wen sie als ewigen Bräutigam liebe. Nun verband sich in ihm der gekränkte Stolz mit dem Haß gegen den fremden Glauben. Wütend begab er sich wieder zu dem Mädchen. Da weder Schmeichelworte noch Drohungen den Sinn der Jungfrau zu wenden vermochten, ließ sie der Stadthauptmann von seinen Schergen zu den Dirnen in das Freudenhaus bringen. Und dort befahl er, ihr die Kleider vom Leibe zu reißen. Aber siehe das Wunder! Der Herr, der mit seiner Getreuen war, bewirkte in sonderbarer Gnade, daß das blonde Haar der Jungfrau an Dichte und Länge gewann, bis Agnes in einen strahlenden Mantel gehüllt dastand, der ihr in goldenen Wellen vom Scheitel bis zu den Fersen niederfloß. In allen Dirnen, die das vornehme Mädchen in unverhohlener Schadenfreude umstanden hatten, blühte das Herz auf, die rohen Gesellen, die in böser Absicht das Haus aufgesucht hatten, berührte das Wunder, und sie verließen gesegnet den Ort, in dem sie die Sünde gesucht. Indessen war es dem Sohn des Stadthauptmanns kundgetan worden, wo

Agnes sich befinde, und er begab sich mit seinen Freunden zu dem Mädchen. In seinem Herzen wohnte die Gnade nicht mehr. Er sah den heiligen Glanz nicht, der den Raum erfüllte, er schritt, wohl verwundert, aber spöttisch und rachsüchtig lächelnd auf Agnes zu. Aber bevor er noch seine Hand ausstrecken konnte in fluchvoller Verblendung, traf ihn die Strafe des Herrn, und er sank tot zu Boden. Eilends trugen die Gefährten die Nachricht in das Haus des Vaters. Von Trauer und unsäglichem Schmerz getrieben, kam dieser zu Agnes und bat, in der Gewißheit, daß sie wunderkräftigen Mächten gebiete, sie möge durch die Gnade der Wunder, die sie selber vor allem Bösen bewahre, bewirken, daß sein Sohn wieder aufstehe vom Tode. Und Agnes kreuzte die Hände und senkte das Haupt und sprach mit ihrem Herrn Jesus im Herzen. Und noch während ihrer Andacht erhob sich der Sohn des Stadthauptmannes.

Die Kunde von dieser wunderbaren Erweckung drang bald weit über die Grenzen der Stadt und trug Agnes den Ruf einer Hexe ein, in der List und böse Zauberei verborgen seien. Die Heiden forderten ihren Tod. Der Stadthauptmann, in Ängsten, er könne über dem Widerstand gegen den Willen des Volkes selbst in den Verdacht der neuen Lehre geraten, entsagte seinem Amte. Sein Nachfolger Aspasius, groß im Grimm wider die Christen, hörte willig die Anklage und ließ Agnes vor den Richterstuhl bringen. Ihr Glaube und ihr Bekenntnis brachten Aspasius zur Raserei. Er ließ in einem Bad Feuer und giftige

Dünste entfachen, auf daß Agnes darinnen den Atem verlöre oder verbrenne. Als man nach Stunden hineintrat, saß Agnes frohgemut und gesund auf dem Marmorrand des Beckens und lächelte in innerlichem Glück. Aspasius befahl nun den Soldaten, Agnes mit dem Schwerte zu enthaupten. Wohl zielte einer der Kriegsknechte gut, aber mitten im Streich schon erlahmte seine Kraft, und das Haupt der Märtyrin ward nicht vom Leibe getrennt. Aus breiter Wunde aber ergoß sich der rote Opferpreis über den weißen Nacken: Agnes starb.

Als die Christen den Leichnam begraben wollten, suchten die Heiden sie mit Steinwürfen und bösen Reden daran zu hindern. Aber der Herr schickte ein Ungewitter und vertrieb damit die Widersacher. Acht Tage hindurch ließen die Christen nicht ab, am Grabe zu knien und zu beten und Gott zu preisen für den Sieg, den er seiner Dienerin zuteil werden ließ. Und siehe, am achten Tage erschien Agnes mit einer Schar weißgekleideter Mädchen den Christen am Grabe. Sie trug ein weißes Lamm in Händen. Friede, Freude und Trost verkündete sie der glücklichen Glaubensgemeinde und entließ sie aus dem achttägigen Dienst der Treue.

Seit dieser Stunde suchen die Gläubigen Trost in Widerwärtigkeit und Heilung in Krankheit am Grabe der heiligen Agnes. In frommer Dankbarkeit ließ die Tochter des Kaisers, die am Grabe der Heiligen vom Aussatz genesen war, eine prachtvolle Kirche erbauen. So drang auch der Ruf von der Gnadenmacht und Huld der jungfräulichen Märtyrin bald über die Stadt hinaus, weit in alle Lande bis über die Alpen. Und überall in der Welt haben sich über den kostbar gehüteten Reliquien Altäre und Kirchen erhoben, und wo immer christliche Jungfrauen sich zu frommer Gemeinschaft vereinen, bitten sie die junge römische Heilige um Schutz und Segen. Zu Rom aber wird sonderlich an jedem Jahrestag ihres grausamen, aber siegreichen Todes, am 21. Jänner, in der Kirche der Heiligen ein hohes Fest gefeiert. Die Domherren der Hauptkirche zum heiligen Johannes im Lateran segnen zwei schneeweiße junge Lämmer. Zu Ostern werden die Tiere geschoren, und aus der Wolle werden später die Pallien, der kreuzgestickte Würdenschmuck der Erzbischöfe, gewebt.

Und wie es ist auf Erden: Weil jeder Mensch für jedes gute Werk sich auch gleich eines rechten Lohnes würdig wissen will, erhoffen sich auch die jungen Mädchen einmal den Lohn für die Andacht und Liebe zur lieblichen, heiligen Agnes. Freilich, sie wollen ihn nicht erst im Himmel erwarten: Sie hoffen, daß die Heilige ihnen den Herzliebsten in der Nacht zum Agnestag in den Traum schicken werde.

Florian

❀

Nur ein kleiner, ein „halber" Feiertag ist dieser 4. Mai. Und eigentlich sind es nur die ersten frühen Stunden des Tages, in denen der Lobpreis des Heiligen gesungen wird. Auch nicht übermäßig groß ist die Schar der Leute, die in die Kirche kommen — wenn es hoch geht, aus jedem Hause einer, die anderen alle gehen dem gewohnten Tagwerk nach. Und gar erst von den Buben sind es nur drei oder auch vier, die der fromme Dienst im roten Röcklein nach uraltem und ungeschriebenem Freibrief vom Schulgang entbindet. Der kleine Wallfahrerzug ordnet sich allmählich, und wie die ersten andächtig Betenden den Kirchhof betreten, stürmt das Geläute hernieder und hüllt die Rosenkranzbitten tief ein in seinen metallenen Mantel. Voran flattern die rotgoldenen Fähnlein im frischen Wind des jungen Maientages, hinter dem Kreuz geht der Priester und ihm im Gefolge die Schar der betenden Männer und Frauen. Nicht weit ist der Weg, knapp langt er noch bis zur fünften Rosenkranzbitte, doch ehe das geliebte Gesätz „Erbarm dich der armen Seelen im Fegfeuer“ beginnt, hat der Zug schon sein Wegziel erreicht. Unterm flockigen Dach zweier eben erblühter Bäume des Apfelangers steht ein weißer Bildstock, grobkörnig mit Kalk beworfen, breit überdacht und in seiner Behäbigkeit den Häusern und Stadeln der Nachbarschaft verschwistert. In seiner Nische steht der heilige Kriegersmann, gepanzert und geschient und mit wallendem Federhelm geschmückt. Zu diesem kleinen Heiligtum wandert die Gemeinde Jahr für Jahr — vielleicht sind es schon viele hundert Jahre, seit einmal in einer föhnigen Sturmnacht eine Feuersbrunst die Bürgerhäuser, die Keuschen und die Kirche prasselnd umbleckte und einer sich verlobte, dem heiligen Schirmherrn in Feuersgefahr ein kleines Ehrendenkmal zu bauen und seinen jährlichen Kreuzgang dorthin zu unternehmen. Was die Vorväter versprachen, das hielten die Nachfahren alle bis herauf zum heutigen Tag. Immer ist es die gleiche Stunde geblieben, immer sind es dieselben Gebete, und vornehmlich die Litanei zu Ehren des heiligen Nothelfers blieb in Wortlaut und Klang ein Zeugnis verklungener Tage. Zum Gruß zuerst schallt ihm der Lobesruhm seiner Heiligkeit entgegen: „Heiliger Florian, starkmütigster Kämpfer Christi; du unüberwindlicher Blutzeuge Christi; du Verachter der Welt...“ Und auf jeden Anruf spricht der Chor der Beter sein andächtiges „Bitt für uns!“. Die Litanei geht weiter und erzählt uns, aufgeteilt auf die einzel-

nen Bitten, die ganze wunderbare Lebens- und Martergeschichte des heiligen Hauptmanns — bis zu seiner Bestattung und den Wundern nach seinem Tod. Und ganz zuletzt kommt die Bitte, die den Gläubigen wohl von Anbeginn des Kreuzganges das erste Anliegen war: „Heiliger Florian, du auserwählter Patron wider die Feuersbrunst, bitt für uns!"
Einen weiten Weg bis zu diesem weißen Bildstock im Apfelanger ist der heilige Florian gegangen. Durch Jahrhunderte herauf und durch weite Landschaften her aus dem Donautal.
Als zu Rom der Christenhasser Diokletian als Kaiser regierte, reichte die Herrschaft des Römischen Reiches noch weit herauf über die Völker, die am Rhein und an der Donau saßen. An allen Orten, die ihnen wichtig erschienen, hatten die Römer kleine Garnisonen eingerichtet. Unter den Soldaten und Führern der Legionen, die das Heidenreich zu schützen und zu vertreten hatten, waren dann und wann schon Christen, die freilich nur ganz im geheimen ihrem Glauben leben und ihr Opfer feiern durften. In einer kleinen Garnisonstadt an der Donau, in Cetia, dem heutigen Zeiselmauer, lebte Florianus — ein Teutone, wie die alte Legende erzählt — als Hauptmann und Bürgermeister. Auch er gehörte heimlich dem christlichen Glauben an und übte sein Christentum aus in stiller Mildtätigkeit, in verborgenem Gebet und in treuer, hilfreicher Gesinnung für seine wenigen Brüder und Schwestern in Christo. Im übrigen war er ein gerechter und pflichtbewußter Offizier, und sein Vor-

gesetzter Aquilinus, Kommandant des großen Militärlagers in Lorch an der Enns und gefürchteter Christenhasser, wußte nur Lobenswertes über ihn zu sagen.
Als Florianus einmal seinen gewohnten Rundgang um die bescheidenen Vorwerke seiner kleinen Festung beendet hatte und in das Lager zurückkehren wollte, erblickte er von ferne einen graubärtigen Wanderer. Dieser kam näher, und erschöpft bei Florianus angelangt, flüsterte er ihm ein „Pax tecum!" entgegen. Im Winkel zwischen Torsäule und Lagermauer tauschten sie den christlichen Friedenskuß. Der Wanderer wußte zu berichten, daß Aquilinus plötzlich den Befehl erlassen habe, alle Christen auszuforschen und festzunehmen. Gegen vierzig säßen bereits hinter Schloß und Riegel und erwarteten ihr Martyrium. Die Nachricht fuhr wie ein flammendes Schwert in das Herz Floriani. Nun durfte auch er nicht mehr länger seinen Glauben geheimhalten, nun mußte auch er sich zu seinen Brüdern und zu ihrem Schicksal bekennen. Er wollte hintreten vor Aquilinus und ihm sagen: „Siehe, auch ich bin Christ, auch ich verachte die Götter, denen du opferst." Und er eilte in das Lager, ließ sich den besten Gaul beschirren und ritt noch in die anbrechende Nacht hinein die Donau aufwärts nach Lorch. Der Gaul schäumte und schwitzte, Florianus im Sattel achtete nicht der wechselnden Landschaft, achtete nicht, wie die Nacht verging und der Tag. Und wäre der Gaul zuweilen nicht selber an einen Brunnentrog, der an der Straße stand, getreten, um gierig

zu saufen, Florianus hätte darauf vergessen, wie er auch sich nicht Ruhe noch Rast gönnte. Nur vorwärts, war sein Gedanke, zu den bedrängten Brüdern im Glauben, und immer wieder suchte seine Seele Zwiesprache mit seinem göttlichen Meister, der ihm Kraft und Mut zusprach und ihn erfüllte mit leuchtendem Segen.

Endlich findet die Reise ihr Ziel. Schon sieht Florianus in dämmernder Ferne die Umrisse des großen Lagers von Lorch. Aus dem Auwald, den die Straße noch einmal durchschneidet, hört er immer deutlicher vielfältiges Rossegestampfe. Dann sieht er schon die Staubwolke und in ihr ein kleines Reitergeschwader. Der Anführer der Reiter erkennt Florianus sogleich, läßt den Zug halten und leistet den Ehrengruß, der dem Hauptmann gebührt. Florianus bedankt den Gruß und fragt, was Ursache und Ziel des kriegerischen Ausrittes seien. Und da wird ihm die Antwort, die er erwartet: Die Christen alle fordert Aquilinus vor sein Gericht. Und wütend setzte der Führer der Rotte hinzu, daß er bereits vierzig ausgeforscht habe, er sich aber zuversichtlich noch weiteren Erfolg erhoffe. „Deine Hoffnung täuscht dich nicht, Freund", hält ihm Florianus entgegen. „Siehe, ich bin auf dem Weg zu Aquilinus, um ihm meinen Christenglauben zu bekennen. Geleite mich hin, du bringst deinem Herrn willkommene Beute."

Der Führer der Rotte stutzt, erst muß er die große Achtung, die er immer für Florian gehegt hatte, verdrängen aus seinem Herzen. Aber es braucht nicht viel, seine Wut und sein Haß sind gewaltiger als Treue und Liebe, die Soldaten führen ihre Rosse auf den Ruf ihres Führers rund um den Gaul Floriani, und schon geht es im Trab gegen Lorch. Nun steht Florianus vor Aquilinus. Aquilinus ist verstört: „Florianus, sag, daß es nur ein böser Scherz ist. Sag, daß sie dich verleumden, sag, daß du den alten Göttern, die das Reich so groß und mächtig werden ließen, den Dienst nicht versagst, daß du ihnen wie ein wahrer römischer Bürger opferst." — „Niemand verleumdet mich, mein Gebieter. Verlange nicht, daß ich Liebe und Treue verschwende für Wesen, die es nicht gibt. Glaube mir, die Götter des Reiches werden stürzen, und das Reich selbst, wenn es weiterhin auf Irrwahn gründet, wird in tausend Stücke zerfallen. Ich glaube an Jesus Christus, hier hast du mein Bekenntnis."

Aquilinus drängt Florianus vor den Altar der Heidengötter und fordert wiederum: „Opfere, Florianus, opfere unseren getreuen Göttern! Rede nicht mehr von dem gekreuzigten Galiläer. Und meine Gunst und die Gunst des Kaisers in Rom werden dich weiterhin zu Ruhm und Ehre geleiten." Florianus steht vor dem Altar. Er zittert leise. Aber es ist nicht Angst und nicht Zweifel, die ihn erbeben lassen. Er spürt wieder das große Flammenschwert in seine Seele niederfahren, und wie entrückt sinkt er in die Knie. Er breitet seine Hände aus und betet: „Herr Jesus, verlaß mich nicht! Ich will mit aller Kraft deinen Namen bekennen und will deinem Weg nachwandern. Nimm mir alles, nimm mir Amt

und Ehre und laß mich als letzten Kriegsknecht mit den weißen Scharen deiner Blutzeugen in deine Herrlichkeit einziehen!"
Nun weiß Aquilinus, daß alle Worte und jede Bemühung fruchtlos sind. Er ruft seine rohesten Knechte, heißt sie die Geißeln holen und hetzt sie auf Florianus los. Sie reißen ihm Kriegswehr und Rock vom Leib und beginnen im Takt, wie es die Drescher auf der Tenne machen, den Rücken des wackeren Bekenners zu züchtigen. Schon nach dem ersten Hieb spritzte das Blut auf, und reicher mit jedem Schlag quoll es auf und rann auf den Boden nieder. Doch den Schmerz verspürte nur der Körper, in die Seele Floriani drang er nicht. In ihr stand der Herr. Und Florian wußte, daß er dem Kreuzweg des Herrn nun von der Geißelung an bis zum Ende folgen darf: „Dank, Herr, für die Kraft, Dank für die Ehre! Nimm an das Opfer deines Knechtes!" Aquilinus trat wieder näher, die Knechte hielten ein. Er sah den Siegesblick im Antlitz Floriani und wußte, daß nicht Schläge und Hiebe die Standhaftigkeit des Bekenners brechen konnten. So ließ er einen großen Mühlstein holen, ein wütender Knecht band Florian daran fest und wälzte ihn in die Enns, die von der Schneeschmelze der Gebirge eben viel und reißendes Wasser führte. Der Scherge aber, der Florian in den Fluß gestürzt hatte, erblindete plötzlich. Bald gab auch der Fluß den Märtyrer frei und legte ihn auf die Tafel eines großen Uferfelsens. Vom Himmel kam ein großer Adler, der mit seinem breiten Flügelpaar den Leichnam

beschützte, bis eine fromme Witwe namens Valeria ihn fand. Heimlich wollte sie den Leib bestatten. Im Traum wurde ihr die Stelle dafür gewiesen, und sie besorgte ein Ochsengespann, auf dessen Wagen Florianus an seinen Bestimmungsort geführt wurde. Unterwegs aber, unter der Hitze des Mittags, ermatteten die Zugtiere; da tat sich vor ihnen plötzlich ein Quell auf, sie stillten ihren Durst, und so kamen sie an den Platz, wo heute noch das große Chorherrenstift St. Florian das Grab des standhaften Christen betreut. Hier haben die weiten Lande, in denen Kirchen, Kapellen und Bildstöcke, aber auch Bilder und Statuen an Mühlen und Hämmern und Bürgerhäusern das Vertrauen zum heiligen Florian als Patron in Feuersnot und Wassergefahr bekunden, ihren festlichen Mittelpunkt.

Pankratius

Wallfahrt nach Sankt Pankrazen.

Draußen im breiten Flußtal am Rain der Straße hat sich der gelbe Bocksbart frühsommerlich in die Wiesen gemengt, und das junge Korn ist schon hüfthoch gediehen. Aber drinnen im engen Waldgraben, der uns seitlich gegen die Berge führt, stehen noch die Apfelbäume in heller Blüte, und unter dem sanften Grün der Äcker schimmert und schummert noch leise das Braun der Erde.

Wie wir den Bach verlassen und den steilen Pfad geradewegs über den Berg betreten, geht auch die Sonne schon hinter den Kamm. Und als wir oben hinaustreten auf die gerodete Hochebene, ist der Tag nur noch ein Nachschein aus einem weiten blassen Himmel.

Vor uns steht das Kirchlein mit dem schlanken Turm und der schmächtigen Kapelle dunkel und kantig gegen den weißen Himmel. Ehe wir noch das Dörflein erreichen, löscht der Tag wie auf einen Atemzug aus. Aus dem ersten Wirtshaus

am Dorfanfang fällt durch Tür und Fenster das gelbe Licht der Öllampen und der hüpfende Walzer zweier Flügelhörner. Wir gehen die steile Dorfstraße weiter. Im Dunkel hantieren die Händler mit Stangen und Brettern und richten für den morgigen Jahrmarkt ihre Buden. Fremdes Volk, nicht landfremd zwar, allesamt aber doch ewig Fahrende, die sich für ihr recht weltliches Geschäft nach dem Heiligenkalender des frommen Bauernvolkes richten.
Beim „Oberen Wirt", knapp an der Kirchhofmauer, kehren wir ein und fragen um Nachtmahl und Lager. Nieder, aber weit im Geviert ist die Wirtsstube, mächtige Balken teilen die Decke, und die schweren Ahorntische sind alle längs der Wände aufgestellt in strenger Zucht wie in einem Klosterrefektorium. Doch plötzlich wird es laut und gedrängt in der Stube. Die Musikanten spielen auf, und die Burschen und Mädchen des Dörfleins sind gekommen, auch die Händler mit ihren Weibern, und Paar um Paar dreht sich schon im Kreis. Das gehört alle Jahr zum Kirchweihfest wie der fromme Kirchgang am Morgen — und war wohl auch vor vielen, vielen hundert Jahren so.
Ein Böllerschuß weckt uns in den jungen Tag hinein. Und dann läuten die Glocken zum ersten Ave-Maria. Während die Händler die Buden mit ihren Waren bedecken und die Fuhrwerke aus dem Tal noch ihre letzten Kisten bringen, wird drinnen in der Kirche schon das erste Hochamt gefeiert. Plötzlich beginnen die Glocken zu läuten, um den ersten geschlossenen Wallfahrerzug

Abbildung des H. Pancrati, wie er sich im Stift Rein befindet und verehret wird.

zu begrüßen. Von weitem haben ihn die Turmbuben erspäht; voran das Kreuz und die Fahne, dann die Burschen und Männer und nach dem geistlichen Herrn die Frauen und Mädchen. Der Pfarrer des Dörfleins und die kleinen Ministranten mit Kreuz und Fahnen sind ihnen zum Dorfanfang entgegengegangen. Der Wallfahrerzug hält, und froh üben die Buben den alten Brauch: Kreuz und Kreuz und Fahne und Fahne neigen sich in brüderlichem Kusse einander zu. Dann geht es durch die Budenstraße, die immer lebendiger wird, der Kirche zu. Vorne neben dem Hochaltar in einer Nische sitzt der Mesner und verteilt gegen den üblichen Opfergroschen eiserne Rinder und Rösser; mit diesen Opfertieren vertrauen Bauer und Bäurin nach altem Brauch dem heiligen Pankratius den Wohlstand ihrer Ställe an. Andächtig stehen sie vor der Bildwand des Hochaltares: ein schöner Jüngling in römischen Kleidern, die Palme des Martyriums in den Händen, Rind und Roß zu seinen Füßen gelagert... Aus dem Rom des ersten Christentums ist er die liebvertraute Straße vieler Heiliger heraufgewandert in das einsame Bauernkirchlein.

Dort in Rom lebte im dritten Jahrhundert nach Christi Geburt auf einem stattlichen Besitz seiner früh verstorbenen Eltern der Knabe Pankratius. Sein Onkel Dionysius, der nicht Weib und Kinder hatte, erzog ihn mit viel Liebe und verwaltete sein reiches Erbe. Unter der Anleitung seines väterlichen Freundes erwarb sich Pankratius die Bildung, die einem edlen Jüngling anstand.

Das Wohnhaus lag am Rande der Stadt, und jeden Tag, wenn die Sonne niederging, spazierte der alte Herr mit seinem Neffen durch die Gärten ins freie Land hinaus. Und jeden Tag begegnete ihnen ein würdiger Greis, der ihren höflichen Gruß immer mit großer Freundlichkeit erwiderte. Als sie endlich mit dem Unbekannten ins Gespräch kamen, erfuhren sie, daß der alte Mann der Bischof von Rom, Papst Cornelius, war. Pankratius aber und Dionysius waren noch Heiden. Der heilige Vater der Christen erzählte ihnen immer wieder und immer mehr von seinem Glauben, und seine Erzählungen waren so voll Feuer und tiefer Überzeugung, daß es nicht viele Wochen währte, bis Dionysius mit seinem Neffen um das Sakrament der Taufe bat.
Und bald waren sie die eifrigsten Christen der kleinen Gemeinde. Da aber Pankratius dem hohen Adel angehörte, erregte sein Übertritt zum christlichen Glauben Aufsehen und Bestürzung. Als Dionysius plötzlich starb und Pankratius — halb noch ein Kind — allein auf der Welt stand, versuchte man ihn mit Güte und wohl auch mit Gewalt wieder dem Glauben der Heiden zuzuführen. Selbst der Kaiser ließ den Knaben Pankratius rufen und machte ihm Vorhalte ob seiner Untreue gegen den Glauben der Väter. Er sprach in Freundschaft und Liebe auf den Knaben ein, dessen Vater einstmals ein treuer Vasall des Herrschers gewesen war. Aber so jung der Christ an Jahren war, so fest und reif war er in seinem Glauben. „Nie und nimmer

bei aller Liebe und Treue zum kaiserlichen Haus", erwiderte Pankratius, „will ich die Wahrheit, die ich gefunden, ableugnen und wegwerfen!" Wie ein Weiser begann der Knabe zu reden. Er führte dem Kaiser den Irrtum des Heidenglaubens vor Augen, er zeigte ihm, wie die Götter der Heiden, wenn sie wirklich lebten, nicht der Ehre und Anbetung wert seien. Wohl war der Kaiser erstaunt über die Klugheit des dreizehnjährigen Kindes und wußte seinem Reden nichts entgegenzuhalten. Das aber vermehrte seinen Grimm, und in aufbrausendem Zorn befahl er, dem Knaben das Haupt mit dem Schwert abzuschlagen.

Eine fromme Christin nahm sich des Leichnams an und bestattete ihn. Über dem Grab ward eine Kapelle erbaut, später eine Kirche. Und von allem Anfang an waren das Grab und der Altar das Ziel frommer Christen. Vor allem die Kinder ließen nicht ab, die Stätte ihres Gefährten mit der Märtyrerpalme zuversichtlich aufzusuchen. Später hat es sich zugetragen, daß in heiklen Streitsachen Kläger und Angeklagter zur Eidesleistung vor den Altar des Heiligen gebracht wurden. Denn jeden Meineid machte der heilige Pankratius auf wunderbare Weise zunichte, so daß er den Namen „Rächer des Meineids" erhielt.

Auch die Bauern haben sich ihn als Schutzpatron erwählt und ihm ihren Viehstand gläubig anvertraut.

Wie im Jahre 985 Reliquien seines Leibes bis nach Flandern gebracht wurden, wanderte auch sein heiliger Ruf über alle christliche Welt und wuchs allenthalben die Verehrung, die Kinder und Männer und Frauen ihm entgegenbrachten. Und so steht auch das Wallfahrtskirchlein unserer Bergbauern unter dem Segen des heiligen Pankratius, der die Liebe und Verehrung des Volkes mit sonderlicher Fürsorge für ihre kostbarste Habe vergilt. Und keiner von den Bauern, die an diesem Tage wieder heimwärts ziehen, vergißt ein Bildchen vom Heiligen und seinem Heiligtum mitzunehmen und daheim an der Stalltüre zwischen den Palmkreuzlein anzubringen. Dort hängt es als Unterpfand des Segens über Stall und Tiere und Menschen — das ganze Jahr hindurch —, bis ein Maimorgen zu neuer Wallfahrt ruft.

Johann Nepomuk

Zwischen zwei hohen Edelkastanienbäumen, von denen der Herbstwind schon die stacheligen Fruchthülsen und das braune Laub geholt hat, steht der „Johannes im Weingarten". So habe ich ihn aus einem Buch von Hans Kloepfer in Erinnerung. Vom Standbild des Heiligen, den ein kleiner Sternenkranz über seinem Birett ziert — in der einen Hand hält er ein Kruzifix, und den Zeigefinger legt er mahnend über den stumm geschlossenen Mund —, geht der Blick über die Hügellandschaft der südwestlichen Steiermark. An vielen Orten sieht man die barocke Statue: auf einem steinernen oder gemauerten Sockel, von einem geschwungenen kleinen Dach beschirmt, steht der heilige Johann Nepomuk auf Marktplätzen, an Bächen und auf Brücken als Patron gegen alle Gefahren, die das Wasser bringt. Man vertraut seiner Fürsprache wohl auch die Sorge um rechtzeitigen Regen an. Und aus den Jahrzehnten, in denen die meisten Bildnisse dieses Heiligen errichtet wurden,

stammt auch der in einem stillen Waldwinkel hinter dem Kurhaus im vielbesuchten Rohitsch Sauerbrunn in blassen Farben gefaßte Fürsprecher, den schon 1754 das Wiener Kollegium der Apotheker ex voto errichtet hat. Auch für das heilbringende Wasser also wird ihm gedankt.
Ein längst vergessener Brauch in Pöls in der Steiermark stellt in einem spektakulären Gepränge die fromme Erzählung vom Leben und Martyrium des Heiligen mit Elementen alten Wasser- und Regenzaubers vermischt dar. Man führt die blumenbekränzte Statue singend und betend zu den vier Stationen, und an der letzten, an der Brücke des Pölsbaches, warf man den Heiligen in das Wasser, zog ihn am nächsten Tag wieder heraus, trocknete ihn ab und führte ihn auf seinen Platz in die Kirche zurück.
Das aber ist die Legende, die sich einem historisch gesicherten Lebenslauf eingefügt hat:
Johann, der im Jahr 1350 in Pomuk geboren wurde, wandte sich dem geistlichen Beruf zu, in dem er frühzeitig zu Ehrenstellen gelangte. Er wurde als Prager Kleriker Sekretär der erzbischöflichen Gerichtskanzlei, 1380 Altarist im Prager Dom und im gleichen Jahr Pfarrer in St. Gallus, dessen Kirche eine Art Nationalheiligtum der deutschen Kaufleute war. Seine kirchlichen Ämter waren zum Teil wohl mehr als Titel aufzufassen, die ihm materiellen Unterhalt sicherten. Nur so war es möglich, daß er Reisen in ferne Länder unternahm, vor allem nach Italien, wo er sich in Rom und Padua den Studien der Rechtswissenschaften widmete und

S. IOANNES NEPOMUCENUS, MARTYR.

1381 Baccalaureus decretorum wurde. 1387 wendete er sich als Doctor decretorum wieder seinen Prager Aufgaben zu. Hohe Würden verschiedener Prager Kirchen wurden ihm verliehen, und im Jahr 1389 ernannte ihn der Erzbischof zu seinem Generalvikar. Warum er mit zwei anderen hohen Geistlichen im Jahr 1393 verhaftet wurde und von den dreien allein vom König Wenzel abgeurteilt und seines Lebens verlustig erklärt wurde, weiß man nicht mehr. Die Akten sind alle verbrannt.

Die Lücke in der Geschichte aber schließt die Legende. Es wäre der Wille des Königs gewesen, von Johann zu erfahren, was die Königin, deren Beichtvater der Geistliche gewesen ist, in der Beichte bekannt hätte. Johann aber blieb, auf die strenge Hütung des Beichtgeheimnisses verweisend, standhaft und weigerte sich trotz schwerer Folterung, auch nur ein Wort zu sagen. Heimlich ließ ihn der König in der Moldau ertränken. Die beiden Mitgefangenen wurden gegen das Gelübde, ewiges Stillschweigen zu bewahren, freigelassen.

In Prag verbreitete sich rasch das Gerücht, daß Johann Nepomuk verschwunden sei und niemand wisse, wohin er gebracht worden wäre. Da erblickte man mitten in der Moldau über dem fließenden Wasser einen Sternenkranz und eine Reihe von Lichtern, die die Umrisse eines menschlichen Körpers andeuteten. So fand und barg man den Leichnam des Ertränkten und war nun auch fest überzeugt, daß er einen Martertod erlitten und er selber, des Martyriums wür-

dig befunden, die Ehre eines Heiligen verdiene. Im Prager Dom erhielt er sein Grab, das bis zum heutigen Tag in hohen Ehren steht.
Das Volkslied schilderte und verbreitete die heroische Tugend des Mannes, den auf der „Prager Bruck'n" das weithin bekannte und besungene Standbild mit dem „Sternenkränzl" auf dem Haupte darstellt. 1721 wurde er seliggesprochen, 1729 erhielt er als Heiliger die Ehre der Altäre.
Der Stil der künstlerischen Bildwerke, Bilder, aber vornehmlich Statuen in Kirchen, Mauernischen, auf Brücken und Straßen ist die barocke Form in allen ihren zeitlichen Phasen und Wandlungen. Und soweit dieses Zeitgefühl über das Land hinausreichte, verbreitete sich von Böhmen aus, von der Mitte Österreichs, der Kult des Heiligen. Ganz Schlesien kennt sein Bild, und bis nach Württemberg im Westen und weit hinunter nach Jugoslawien findet man es an heiliggehaltenen Stätten. Die barocke Epoche Österreichs mit ihrem Kunstverständnis, ihrer Frömmigkeit, aber auch mit ihrer heiteren Weltlust hat in der Erscheinung des heiligen Johann Nepomuk eine ihrer bedeutendsten Sinngestalten gefunden. Hof und Adel ehrten ihn, um dessen Hochachtung sich vor allem die Jesuiten verdient machten. Aber auch in Landkirchen und auf Dorfplätzen sammelte sich in jenen Jahrzehnten — ehe es die marianische Maiandacht gab — jung und alt zu Liedern und Litaneien vor dem geschmückten Bildnis des Heiligen in den Wochen vor und nach dem

kirchlichen Gedenktag seines Todes, der gerade in der Mitte des Monats am 16. Mai begangen wird. In allen Nöten wurde Johann Nepomuk als Helfer angerufen. Aber es zeugt für die innige Verbundenheit des Volkes mit diesem Heiligen, daß sich auch junge Mädchen ihm anvertrauen: Seine Fürsprache soll bewirken, daß sie ihr heimlich Auserwählter bald zum Altar führt.

Antonius von Padua

Zu Lissabon in Portugal lebte vor mehr als siebenhundert Jahren der Hauptmann des königlichen Heeres Martin von Bullones mit seiner edlen Gattin Maria. Den frommen Eheleuten schenkte Gott im Jahre 1195 einen Sohn, der einmal den Adel seines aufrechten Vaters und den frommen Sinn seiner Mutter vereinen und mit dem Glanz der Heiligkeit verklären sollte. Ferdinand hieß man den Knaben nach der Taufe, und die Mutter verwendete all ihre Liebe auf die Erziehung des Kindes. Da die Sitte jener Zeit verlangte, daß die Knaben angesehener Familien einem geistlichen Haus zur weiteren Ausbildung übergeben wurden, brachten die Eltern ihren Sohn Ferdinand in die Schule der Domherren. Diese pflegten aber nicht nur die Wissenschaften und Künste mit ihren Schülern, sie wußten auch durch Beispiel und Wort den frommen Sinn in den Kindern zu wecken und zu vertiefen. Mit Staunen sahen die Lehrer, wie sich der Geist des Knaben Ferdinand immer reicher entfaltete. So

wunderte es auch niemanden, daß er nach Vollendung der Schule inständigst verlangte, bei den Chorherren des heiligen Augustinus sich dem ewigen Dienste Gottes weihen zu dürfen. Fünfzehn Jahre zählte Ferdinand erst, als er diesen Entschluß kundgab und auch vollzog.
Ferdinand glaubte sein Glück gefunden zu haben. Der tägliche, vielgestaltige Gottesdienst zur Messe und zum Stundengebet und dazwischen immer wieder eifriges Studium der heiligen Wissenschaft füllten reich und selig seinen Tag und sein junges Leben. Und doch glaubte der junge Mönch, seinen Wunsch, Gott zu dienen, erst in Abgeschiedenheit und Einsamkeit ganz erfüllen zu können.
Acht Jahre lebte der fromme Jüngling fern von der Welt in einem verlassenen Bergkloster. Da geschah es eines Tages, daß der Wille Gottes auf eigene Weise sich kundtat und dem Zurückgezogenen wieder einen neuen Weg wies: Mit großem Gefolge kam der Sohn des Königs in die abgeschiedene Berggegend. Er führte einen kostbaren Schatz mit sich, den er im Kloster verwahrt wissen wollte: Es waren Reliquien von Märtyrern aus dem jungen Orden des heiligen Franz von Assisi, die zur Bekehrung der Ungläubigen ausgezogen waren, in fernen Ländern aber einen qualvollen Tod erlitten hatten. Kaum wurde Ferdinand dieser Reliquien ansichtig, entflammte in ihm der Sturm des heiligen Eifers. Auch er wollte den Ungläubigen das Wort Christi verkündigen, auch er wollte für seinen Herrn sterben. Stürmisch strebte er einen Über-

Gattamela inc. in Padova da Anastasi

S. Antonio di Padova

tritt in den Orden des Heiligen von Assisi an. Zugleich mit dem neuen Kleid erhielt er auch einen neuen Namen. Und weil er dem großen Ahnherrn der einsamen Frömmigkeit, dem heiligen Vater der Mönche in der Wüste, Antonius, mit besonderem Dank ergeben war, erbat er sich den Namen Antonius.

Kurze Zeit lebte sich Antonius in die neue Lebensgewohnheit und Regel ein, einsam und zurückgezogen; aber zu stark noch war der Ruf in ihm lebendig, den er beim Anblick der Märtyrerreliquien vernommen hatte. Er bat um die Erlaubnis, den Ungläubigen in Afrika das Evangelium verkünden zu dürfen. Gott aber wollte nur den tätigen Beweis, daß Antonius wirklich jedem Ruf der Gnade bedingungslos zu folgen bereit sei. Sein Lebenswerk sollte anderswo erfüllt werden. Darum suchte Gott Antonius, als er kaum in Afrika gelandet war, mit einer bitteren Krankheit heim, die ihn zur Rückkehr nach Spanien zwang. Er aber sollte seine Heimat nicht wiedersehen. Ein Sturm, der das Schiff ergriff, trieb es an die Küste von Sizilien. Dort erfuhr er, daß Vater Franziskus eine Versammlung des ganzen Ordens einberufen habe. Schwach und krank machte sich Antonius sogleich auf den weiten Weg. Ein frommer Schiffsherr setzte ihn nach Italien über, und immer wieder fand Antonius Bauern oder Reisende, die ihn ein Stück des Weges mitnahmen. Nach mühevollen Wochen gelangte er endlich nach Assisi und in die Nähe seines geliebten geistlichen Vaters.

Gerne wäre Antonius für immer in seiner Nähe

geblieben, aber keines der Klöster wollte den schwachen und kranken Bruder aufnehmen. Erst als sich Franziskus selbst für den Heimatlosen verwendete, fand dieser in der Einsiedelei des Paulusberges bei Bologna einen neuen Wirkungskreis. Willig unterzog er sich den armseligsten Arbeiten, und niemand wußte um die große Gelehrsamkeit und Weisheit des Bruders Antonius. Aber der Herr wollte von seinem Knecht, daß er seine Talente nütze. Als Antonius nach dem Empfang der heiligen Weihen eine Dankrede halten mußte, sprach er so wohlgesetzt, weise und eindringlich, wie es noch keiner der Zuhörer in seinem Leben gehört hatte. Er wurde zur Vollendung seiner Studien auf die hohe Schule geschickt und später zum Lehrer der Gottesgelehrsamkeit für den ganzen Orden bestellt.

Seine ganze Kraft und sein ganzes Wissen gab Antonius an die Aufgabe, die ihm sein geistlicher Vater gestellt hatte. Aber im geheimen trug er doch eine andere Sehnsucht im Herzen. Er wollte lieber die Seele als den Geist der Menschen gewinnen, er wollte die in weltlicher Lustbarkeit und vergänglicher Freude verhafteten Menschen aufrütteln und sie zu gottgefälligem Leben führen. Und wenn es der Herr offenbar nicht gewollt hatte, daß er im fernen Heidenland das Evangelium verkünde, so glaubte er doch, daß es Gottes Wille sei, den Verstockten und Verirrten in seiner Umgebung aufs neue die Gnade zu verkünden.

Vater Franziskus billigte den Plan — und der

Segen Gottes, der wunderbar mit dem Weg und der Predigt des Antonius war, bestätigte die Richtigkeit des Entschlusses. Überall, wo er hinkam und predigte, fiel es wie Schuppen von verblendeten Augen, überall brach aus verstockten Sünderherzen der Glaube neublühend auf, und in den Frommen wirkte die Gnade in doppelter Fülle. Wunder und Zeichen schenkte der Herr seinem getreuen Apostel, und selbst das Wunder der Sprache, das den Aposteln am Pfingstfeste die Herzen der Völker öffnete, ward ihm vergönnt. Denn als er einmal zu Rom vor einer unzählbaren Menschenmenge sprach, verstanden alle seine Rede, ob sie nun Deutsche oder Slawen, Griechen oder Italiener waren.

Doch einmal schienen seine feurigen und beredten Worte keinen Widerhall zu finden und auf steinigen Boden zu fallen. Traurig wanderte Antonius in tiefe Gedanken versunken zum Meer. In einer kleinen Bucht setzte er sich auf einen Felsblock und starrte in das Wasser. Der leichte Wellengang fand am Ufer ein sanftes, kräuselndes Nachspiel. So ruhig war das klare Naß, daß der Blick des enttäuschten Predigers bis auf den glatten Sandboden fiel. Da schien es Antonius, als würden sich unzählige Fische der kleinen Bucht nähern. Er erhob sich — und wirklich, von allen Seiten zogen Fische in hellen Schwärmen in die Nähe seines Rastplatzes und versammelten sich hier. Es dünkte ihn auch, als blickten alle zu ihm empor und verlangten seinen Segen. Antonius breitete seine Hände aus, und im selben Augenblick hoben Abertausende Fische ihre Mäuler und Augen über das Wasser. Und nun wußte Antonius selbst nicht, wie es über ihn kam: Er begann zu sprechen vom Vater im Himmel, der alles erschaffen, der jeder Kreatur das Leben geschenkt habe und der das Leben und Vergehen jeglichen Wesens in seinen gütigen Vaterhänden halte. Und er pries Gott für seine Liebe, Gnade und Barmherzigkeit. Und dann hob er die Hände zum Himmel und zog den Segen hernieder und zeichnete groß und weit das Kreuz über seine stumme Gemeinde. Da senkten all die großen und kleinen Fische demütig ihre Köpfe, und einer nach dem anderen schwamm wieder still in die Weite. Inzwischen waren aber immer mehr Leute aus der Stadt gekommen und in tiefster Erschütterung über das Wunder in die Knie gesunken. Und es bedurfte nur noch des mächtigen Segens des heiligen Antonius: Die Predigt an die Fische hatte die ganze Stadt bekehrt.

Also begleitete Gott mit vielen und lieblichen Wundern den Weg seines Predigers. Einmal wollte ein Irrlehrer die Gründe nicht einsehen, die ihm Antonius zum Beweis für die Wahrheit des Altarsakramentes vorhielt. Da schritt Antonius in die Kirche, holte das Ziborium und ging damit auf die Straße. Und den ersten Maulesel, der des Weges kam, segnete er damit. Als das unvernünftige Tier plötzlich niederkniete und sein Haupt neigte, sah der Mann die Wahrheit der Lehre des Antonius ein und bekehrte sich.

Vor allem die Frauen zogen in Ehrfurcht und

Verehrung dem Heiligen nach. Ihnen hat oft seine besondere Fürsorge in ihren schweren Mühseligkeiten gegolten.
Antonius wurde älter und schwächer und fühlte seine Todesstunde nahen. Er verlangte, nach Padua gebracht zu werden, und starb dort. Beim Kloster der Franziskaner wurde Antonius begraben. Wunder über Wunder geschah nach seiner Anrufung an seinem Grabe, und das Volk betrachtete ihn schon lange vor seiner Heiligsprechung durch Papst Gregor IX. als wundertätigen Fürbitter.
Nach Jahren gingen die Paduaner daran, ihm zu Ehren eine prachtvolle Kirche zu bauen. Und als sie seine sterblichen Überreste in dieser neuen Kirche bestatten wollten, ward ein neues Wunder offenbar: Mitten in dem verfallenen Schädel war allein die Zunge, die so oft das Lob Gottes gesprochen und die Gnade Gottes verkündet hatte, frisch und unversehrt erhalten.
Wie zu Padua, wo ihn die Leute heutzutage noch stolz „unseren Heiligen“ nennen, sind in aller Welt, vorzüglich wo die Brüder des heiligen Franziskus wohnen, zu Ehren Antonius’ Altäre, Kapellen und Kirchen errichtet worden. Und die Wunderkraft, die er in seinem Leben bewies, wird immer noch in unzähligen Fällen angerufen.
Vom kleinen Mädchen, das sein Nähzeug verlegt hat, bis zum alten Mütterlein, das in großer Betrübnis lebt, bitten jung und alt und Mann und Frau den Heiligen um Beistand und Hilfe. Wer an neun Dienstagen ihn verehrt und an-

betet, mag gewiß Erhörung in aller Bedrängnis finden.
Eine Antoniuskapelle weiß ich aus meiner Kinderzeit. Die ist in den Apfelbaumanger einer Liebfrauenkirche gebaut und hat vor einem großen Eisengitter eine breite Steinstufe für immer gegenwärtige Wallfahrer. Da knien sie und schauen durch die Gitterstäbe über die roten Steinfliesen, darauf die kupfernen und weißen Opfergroschen blinken, zum Altar. Und dort steht der heilige Antonius mit dem lieben Jesusknaben, der einmal leibhaftig in dessen Andacht und Betrachtung gekommen ist, und hört auf die Bitten und Klagen der Pilger. Und immer fassen diese ihr Anliegen in den altgewohnten und wohlvertrauten Spruch zusammen:

Wenn du suchest Wunderzeichen:
Tod und Irrtum, Unglücksstund',
Satan, Aussatz eiligst weichen,
Kranke stehen auf gesund,
Meer und Bande sinken nieder;
bei des Wundermanns Gewalt
sucht verlorne Hab und Güter
und erlangt sie jung und alt.
Es vergehen die Gefahren,
auch die Not verschwindet da;
sollen's kundtun, die's gewahren,
sag es, Volk von Padua.

Ulrich

Zweimal im Jahr wandern wir zum heiligen Ulrich.
In der Osternacht geschieht es das erste Mal. Knapp nach Mitternacht spielt uns eine kleine Musikkapelle zum schmalen Dachfenster herauf den Weckruf, und halb verschlafen folgen wir dem Zug in die kühle, sternenhelle Nacht. Ein starker, junger Bach rauscht neben dem Weg talab, und frischer weht die Luft uns an, wenn Weg und Bach sich näher begegnen. Dann aber queren wir steiler in den Waldhang hinein und lassen das rauschende Wasser tief unter uns. So finster ist es noch, daß nur der freie Sternenstreifen zwischen den Baumwipfeln die Richtung des Weges erkennen läßt. Gleichzeitig aber heißt es angestrengten Auges auf den Boden achten, der dicht und bucklig von Wurzeln überzogen ist. Als wir endlich auf die freie Wiese hinaustreten, aus deren Mitte uns in gedämpftem Schimmer die weiße Kapelle entgegenleuchtet, sehen wir schon im Aufgang, wie ein schmales,

rosig verhauchtes Band hingelegt, den ersten Schein des Tages. Von Ast zu Ast wird der ganze Wald lebendig, während der Frühschein mit der hellen Eile des Lichtes über die halbe Himmelskugel heraufwächst und sich in den höchsten Lärchenwipfeln noch blaß und ungewiß verfängt, bis dann, unerwartet, wenn sie auch immer leuchtender sich verkündet hat, wie aus göttlichem Wurf gezielt, die Sonne erscheint. Und nun vollzieht sich der alte Bauernbrauch beim Ulrichskreuz. Dreimal sind wir schon um die niedrige, schindelgedeckte Kapelle herumgezogen, und dabei haben die weißen und roten Rosen aus Hobelscharten am Vortragkreuz, die die Mesnerin mitten in der Geschäftigkeit des Karsamstags noch um das Holz gewunden hat, schon den ersten Schimmer erhalten. Und dann knien wir alle nieder, der Vorbeter am Stuhl vor der Kapellentür, die anderen rundum auf der Tauwiese, und vertrauen „in dieser hochheiligen Nacht" allen Heiligen des Himmels Saat und Wachstum und Ernte des Jahres an. Mit langen Gebeten wird der Heilige des kleinen Gnadenortes gepriesen und seine gütige Fürsprache erworben.

Dem Bauern neben dem Ulrichskreuz ist es von seinen Vorvätern her eine Obliegenheit, die Wallfahrer zu bewirten. Er hat ein Fäßchen Wein in seinen Hof gestellt, Bänke sind aufgeschlagen, und die Töchter reichen geweihtes Brot herum. Dazu spielen die Musikanten ein fröhliches Stück, das wohl zum Tanze verlockte, wäre der Boden nicht so uneben und der Tag nicht so heilig. Und außerdem heißt es bald wieder gehen. Der Vorbeter zeichnet sich, für manchen unnötig früh, laut betend das Kreuzzeichen über Stirne, Mund und Brust: das Zeichen zum Aufbruch. Der Heimweg führt mit Rosenkranz und Litanei durch den hellen Morgenwald, und wo das Sträßlein wieder eben wird, tun sich die Musikanten zu einem gesetzteren Stück zusammen.

Im Juli unternehmen wir abermals einen Bittgang zum heiligen Bischof Ulrich. Nach einer überheißen Woche ist ein Sonntag gekommen mit trüben Nebeln vor dem ersten Morgenlicht. Das läßt uns leicht und ohne Beschwer den steilen Weg dem einsamen Bergkirchlein zuwandern. Manches Mal kommt wohl auch ein kurzer Regenschauer, den wir unter einer dichten Buchenkrone oder in der Vorlaube eines Bauernhauses an uns vorübergehen lassen. Wo in das steile Waldsteiglein ein Seitenweg zustößt, kommen von überall die Landleute, die mit uns dem gleichen Ziele zustreben. Nachzügler sind sie gleich uns, denn der große Wallfahrtszug mit Kreuz und Fahnen ist schon vor einer Stunde von der Dorfkirche weggezogen. „Aber das späte Amt erreichen wir schon noch“, meint ein junger Bauer, der mit seinen Knechten den Kirchgang tut. Und sein weiterer Bericht, daß dreimal im Jahre hier in der Einschicht Gottesdienst gefeiert werde: am Florianitag, am Ulrichstag und am Sonntag nach Donati, weist das Kirchlein als richtiges Bauernheiligtum aus, an dem der Schutz vor Feuer und Hagel und die Hoffnung auf weises Gleichmaß zwischen Sonnenschein und Regen gewonnen werden. Bald stehen wir vor dem Mauerbogen über dem lebensgroßen Holzbild des Heiligen mit der Bischofsmütze auf dem Kopf und einem Buch, auf dem ein Fisch liegt, in seiner Linken.

Hier haben wir auch ein Plätzchen zum Sitzen gefunden: vor uns das runde Kirchlein und die frommen Beter, links oben das Metzelt und neben uns einsam der Heilige und der Wunderbrunnen, der rauschend aus dem Waldboden kommt. Freilich, du wirst jetzt lebendig, heiliger Mann, unter den vielen Blicken, die dich suchen, und bald wirst du herausgestiegen sein aus deiner grauen Nische und segnend durch die Menge, die ihr Vertrauen zu dir geführt hat, wandeln.

„Als Bischof sollen wir dich verehren, als Heiligen nachahmen und als Fürsprecher immer hoffnungsfroh zu dir kommen.“ So sagt der Geistliche und enthüllt damit den dreigliedrigen Aufbau seiner Betrachtung, die aus der Lebensgeschichte des Heiligen allerlei Nutzanwendung abzuleiten weiß:

Schon in frühester Kindheit begann der Grafensohn Ulrich die Einsamkeit zu lieben, und so kam er bereits als Siebenjähriger in das stille Kloster St. Gallen, wo sein allmählich immer stärker werdender Wissensdrang berühmte Lehrer fand. Nach den Jahren der Ausbildung sollte sich der junge Graf für seinen künftigen Beruf entscheiden. Es drängte ihn, einsam und zurückgezogen und für immer in die Zwiesprache mit

Gott versunken, in einer Klause zu leben, und er pilgerte zu einer frommen Einsiedlerin, um von ihr Rat und Hilfe zu erbitten. Drei Tage ließ sie ihn warten, indessen sie eindringliche Gebete zum Himmel sandte und den göttlichen Willen zu hören bemüht war. Dann eröffnete sie dem geduldig wartenden Ulrich den Befehl des Herrn: Nicht in der Stille des Klosters sei sein Platz, kein zurückgezogenes, nach innen gewendetes Leben sei ihm beschieden, er müsse in die Welt zurückkehren und als Priester arbeiten und wirken. Getreu führte Ulrich diesen Befehl aus: Er verließ die ihm liebgewordene Zelle in St. Gallen und zog nach Augsburg, wo ihn Bischof Adalbert bald zum Priester weihte und für mancherlei wichtiges Amt vertrauend bestimmte.
Der junge Priester reiste nach dem Willen seines Bischofs nach etlichen Jahren in die Ewige Stadt, besuchte in Rom alle denkwürdigen Stätten unseres Glaubens und bildete sich weiter aus. Da starb in der Heimat Bischof Adalbert. Ulrich erhielt die Nachricht zugleich mit der Kunde, der Papst wolle ihn, dessen Wissen und Seeleneifer allgemein bekannt waren, zum Nachfolger des Augsburger Bischofs ernennen. Und plötzlich erwachte in Ulrich wieder ungehemmt das Verlangen nach Einsamkeit. Er dachte an den Klosterfrieden, er träumte von der grünen Stille um die Klause der Einsiedlerin, nahm Hut und Pilgerstab und floh mitten in der Nacht aus der Stadt. Dem Papst blieb diese heimliche Flucht nicht verborgen, und er meinte ungehalten, aus

Adalberts Händen hätte Ulrich ein gutes Erbe, ein Bistum des Friedens und der Ordnung annehmen können. Da jetzt er nicht wolle, werde er einmal für ein verwüstetes Land und ein zerworfenes Volk unendlich mehr an Mühewaltung und Arbeitslast zu tragen haben.
Nun denn, das Menschenherz hat seine Sehnsucht und sucht ihr immer nachzugehen. Aber Gotteswille ist weiser und stärker, und er weiß oft ein anderes Ziel. Glücklich jeder, der diesen Willen zu erkennen vermag. Ulrich wurde er in schrecklichen Bildern offenbar. Nach seiner Flucht wurde ein anderer Bischof eingesetzt, während dessen Wirksamkeit das Bistum Unheil und Heimsuchung ohne Maß und Zahl erdulden mußte. Mitten in dieser Zeit, da sengende Feindeshorden einbrachen, Äcker verwüsteten, Leute verschleppten und die Kirchen schatzten und in Feuer steckten, starb der Nachfolger Adalberts. In dieser Bedrängnis, die das Volk heimsuchte, erkannte Ulrich den Willen Gottes und fügte sich der Wahl. Nun versagte er sich dem Zug seines Herzens nach Einsamkeit und Stille und wendete sich mit vollen Kräften seinem neuen Amt zu. Er zog landauf, landab, baute auf, was niedergetreten war, richtete auch die Menschen auf, die Verzagten und Verarmten, und jedem Sturm, der sich von neuem wider die Heimat erhob, trat er, allen voran, entgegen. Dies sonderlich im großen Jahre 955, als ungezählte Scharen wilder Völker das Bauernland überfluteten. Als das Nahen des Feindes in Augsburg gemeldet wurde, rief er das ganze Volk der Stadt

zusammen, begeisterte die Männer für den Freiheitskampf der Heimat und des Glaubens, und die Frauen und Kinder hielt er zum stärkenden Gebet an. Dann, als der Feind sichtbar wurde, stieg er selbst zu Pferd, und mit seinem bischöflichen Kleid angetan und ein heiliges Kreuz in den Händen ritt er mit den Seinen dem Kampf entgegen. Sein Beispiel furchtlosen Mutes und seine begeisternden Rufe bestärkten die Kämpfer so sehr, daß sie ungeachtet der surrenden Pfeile und splitternden Lanzen immer tiefer in den Feind vorstießen, bis jener Sieg auf dem Lechfeld errungen war — für Augsburg und für das ganze christliche Land.
Fünfzig Jahre wirkte Ulrich, reich gesegnet, als Bischof von Augsburg, als er sein leibliches Ende nahen fühlte. Nach seiner Messe am Sonnwendtag 973 legte er sich aufs Krankenlager und bereitete sich — einmal noch und zum letzten Mal die selige Einsamkeit verkostend — für einen gottgefälligen Heimgang vor. In der letzten Nacht hieß er Asche kreuzweise auf den Boden streuen und legte sich darauf. Gegen Morgen ließ er seine Priester kommen, damit er mit ihnen noch einmal die Litanei singe. Und beim Scheine des Morgenrotes, zum letzten Dona nobis pacem, ist er heimgegangen.
So stirbt nur ein Heiliger, und Ulrich ist einer gewesen sein ganzes Leben lang. Aber Heiliger sein, das heißt nicht abgeschieden von der Welt und ihren Pflichten gottbeschaulich sein Leben verträumen. Das wäre Ulrich ja lieb gewesen, wir haben gehört davon, aber er hat sein Ver-

langen bekämpft, weil Gott es anders wollte. Denn das allein macht den Heiligen: dem Willen Gottes allzeit und gegen die Verlockungen des eigenen Herzens tapfer und treu nachzustreben. Man soll nicht glauben, daß dazu immer Wunder nötig seien; die kann Gott geschehen lassen, um das Streben zu krönen, aber die Heiligkeit selber sind sie nicht. Die erhebt sich aus rechtem Maß, und Mäßigkeit hat Ulrich wohl besessen und geübt, und gerade dadurch hat er, was nebensächlich scheint, beiläufig und gering, in großem Glanz erhoben. Er liebte es, köstliche Speisen bereiten zu lassen, aber er lud die Armen zu sich, daß sie sie verzehrten. Er setzte sich gerne unter sie und legte ihnen vor. Aber selbst aß er sein Lebtag nie über den Hunger und nur, was sein Leib nötig hatte zu leben. Wie störten ihn die Pracht seiner elterlichen Wohnung und der Prunk des Bischofssitzes, den er ererbt hatte. Sein Lager war Streu und Stroh, in grobes Zeug gefüllt, und unter seinem Ornat das Leibgewand war aus dem Stoff, aus dem die Müller ihre Säcke nähen. Noch zeigt man zu Augsburg die hölzerne Schüssel, aus der er gespeist hat, wenn er allein war. Einfacher hat kein Mönch gelebt als er. Was er ersparte, schenkte er den Armen, baute Kirchen für Gott und Wohnungen für die Heimatlosen.

Einmal kam ein Bote zu ihm, von weiter Reise erschöpft. Ulrich führte ihn zu Tisch, aber es war nichts zu essen gerichtet, die Fastenzeit hatte eben begonnen. Wahrscheinlich für einen Kranken bereit, lag in der Küche ein Stück

Fleisch. Das gab der Bischof dem Boten, wohl meinend, der Hunger und die Not des Menschen seien ein stärkeres Gebot, und wenn die Liebe die Speise reicht, sei sie erlaubt und gesegnet — auch in der heiligen Fastenzeit. Der Bote aber nahm das Fleisch, schob es in seinen Brotsack und wanderte heimzu. Dort log und prahlte er, welch ein Schlemmerleben Bischof Ulrich in der Fastenzeit führe, und zog zum Beweis das Stück Fleisch aus seiner Tasche. Aber wie er es auf den Tisch legen will, ist es kein Fleisch mehr, es ist ein weißer Fisch, der in seiner Stummheit die Lüge zuschande machte.

Als man Ulrich nach seinem Tod im ganzen Land zu verehren begann und sein Bild auf die Altäre stellte, gab man ihm immer auch einen Fisch in die Hand — ein Wunderzeichen für die vielen, die seine Heiligkeit schmückten. Darum wohl auch stellt sich der Heilige so gerne über die Quellen, die unseren Vorfahren in ihrer lebenspendenden Kraft immer schon ein Heiligtum waren, damit die Fischlein den frischen Atem des Wassers spürten und seine Geschwister Freude und Anteil hätten an der Ehre, in der Hand des Heiligen zu liegen.

Christophorus

Vierzehn Nothelfer waren es, die besonders in den bösen Zeiten der Pest, der Hungersnöte und Kriege vertrauensvoll angerufen wurden, jeder und jede von ihnen in einem bestimmten Leiden, das der heilige Mann oder die heilige Fürsprecherin selber im Martyrium oder einer anderen Lebensprüfung zu ertragen oder zu überstehen hatte. Bekenner und Bischöfe der mittelalterlichen Kirche waren unter ihnen, auch Glaubenszeugen aus der frühen Zeit des Christentums. Zu diesen gehört Christophorus, der riesengroße, bärtige Mann, dessen volles Haar von einem Stirnband zurückgebunden erscheint und dessen rechte Hand sich auf einen jungen frischergrünten Baumstamm stützt. Auf seiner Schulter sitzt der Jesusknabe mit der Weltkugel in der Hand. In solcher Gestalt sieht man ihm den Märtyrer nicht an, der er wirklich gewesen ist zur Zeit der Christenverfolgungen unter dem Kaiser Decius. Die Legende weiß seinen Martertod eindringlich zu schildern. Aber stärker im

Gedächtnis hielt sich das Wundererlebnis des Fergen, in dessen Strahlenkranz allerlei menschliche Nöte ihren Trost und ihre Zuflucht fanden.
Wes Vaters Sohn Christophorus war, weiß niemand mehr. Auch hieß er Christophorus nicht von Anfang an. Sein Name war Repropus oder, wie andere meinen, Opherus. Was ihn auszeichnete, waren seine Körpergröße, die ihn über alle seine Mitmenschen hinausragen ließ, sein kraftvoller, männlicher Kopf mit langem Bart und Haar und die außergewöhnliche Stärke seiner Arme. Er hatte aber auch ein starkes Herz und einen stolzen Sinn, und die Abenteuer der Welt lockten ihn sehr. Er wollte nur dem mächtigsten und größten Herrn angehören und bot so dem König seine Dienste an. Da kam an den Königshof ein fahrender Sänger, der ein Lied vortrug von Liebe und Glück, von Treue und Falschheit, von Gott und vom Teufel. Christophorus bemerkte, daß sich der König, immer wenn das Wort Teufel fiel, angstvoll bekreuzigte, und wußte plötzlich, daß es einen Stärkeren geben müsse als seinen Herrn. Er machte sich auf, diesen Stärkeren zu suchen, und ging, dem Teufel seine Dienste anzubieten. Christophorus fand ihn in der Wüste als Anführer einer wilden Reiterschar und schloß sich dem Zug an. Nach langer Wanderschaft mußten sie einmal an einer Kapelle vorbei. Da riß der Teufel sein Pferd herum, zog Christophorus mit sich und führte ihn erst nach langem, steinigem Umweg wieder auf die Straße zurück. Traurig erkannte

da Christophorus, daß es auch einen Stärkeren geben müsse als den Teufel, und so erfuhr er von Jesus Christus, den auch der Teufel fürchte. Er machte sich auf, diesen Stärkeren zu suchen, und ging, Jesus Christus seine Dienste anzubieten. Doch niemand wußte ihm zu raten und ihm den Weg zu weisen, bis endlich ein frommer Einsiedler Christophorus vom Leben und Sterben des Herrn erzählte und sich erbötig machte, ihm den Weg zu Christus zu zeigen. Zunächst müsse man, um Christus dienen zu können, beten und fasten. Doch auf diese beiden Dinge verstand sich der bärenstarke Mann nicht recht, und so eröffnete ihm der Klausner einen anderen Weg zu Gott: Er solle den Wanderern helfen, den reißenden Fluß, in dem schon viele umgekommen seien, zu überqueren; so könne er Christus einen wohlgefälligen Dienst erweisen. Das war Christophorus nun gerade recht. Er ging zum Fluß, baute sich eine kleine Hütte und suchte sich eine lange Stange, auf die er sich im strömenden Wasser stützen konnte. So geleitete er viele Menschen sicher über den gefährlichen Strom. Einmal trat auch ein Knabe auf ihn zu und bat, über das Wasser getragen zu werden. Da nahm Christophorus den kleinen Wanderer auf seine Schulter und trat in das Flußbett. Als er mit seiner Last in die Mitte des Stromes kam, wurde der Knabe auf seiner Schulter schwerer und schwerer. Schon stand dem großen Mann das Wasser bis zum Mund, und nur unter größten Anstrengungen konnte er das sichere Ufer erreichen. Nun wollte er wissen, warum der

Knabe beinahe so schwer wie die ganze Weltkugel auf ihm gelastet habe. „Darüber sollst du dich nicht wundern“, sprach da das Kind. „Nicht nur die ganze Welt, auch der, der sie erschaffen hat, ruhte auf deiner Schulter.“ Damit offenbarte sich der Knabe als Christus, dem zu dienen Christophorus bestrebt war. Zum Zeugnis der Wahrheit sollte Christophorus seinen Stab in die Erde setzen, er werde zu grünen und zu blühen beginnen und Früchte tragen. Der Knabe entschwand, und am nächsten Morgen trieben aus dem Stab Blätter und Früchte.

Als Bekenner Christi ging Christophorus nun wieder auf Wanderschaft. Er kam auf einen Richtplatz, auf dem gerade Christen ihres Glaubens wegen gemartert wurden. Christophorus sprach ihnen Mut und Stärke zu. Er schlug wieder seinen Stab in die Erde und bat Gott um ein Zeichen. Und der Stab ergrünte wie ein junger Baum, und zahllose Menschen bekehrten sich ob dieses Wunders. Als der heidnische König davon erfuhr, schickte er Soldaten aus, Christophorus gefangenzunehmen. Sie fanden ihn betend — und siehe, bekehrt stimmten sie in seine Gebete ein. Abermals schickte der König bewaffnete Knechte aus. Erschrocken ob der Größe und Stärke dieses Mannes, wollten sie von ihm ablassen. Doch Christophorus ließ sich freiwillig die Hände auf den Rücken binden und in den Palast des Königs führen. Als er trotz der hohen Ehrenstellen, die ihm der König versprach, nicht bereit war, den heidnischen Göttern zu opfern, wurde er in den Kerker geworfen.

Der König ließ zwei junge, schöne Mägde, Nicea und Aquilina, in das Verlies des standhaften Bekenners ein: Sie sollten ihn zur Sünde verführen. Doch beide erschraken über den Glanz in seinen Augen und baten ihn, ihnen den Weg zum wahren Glauben zu weisen. Der König nahm grausame Rache. Er ließ Aquilina aufhängen und an ihre Füße Mühlsteine binden. Nicea aber ließ er in einen lodernden Feuerstoß werfen, und als sie unversehrt den Flammen entstieg, wurde ihr mit einem Schwertstreich das Haupt vom Leibe getrennt.
Dann kam die Reihe an Christophorus. Zuerst ließ ihn der König mit eisernen Ruten peitschen. Dann mußte ein Helm glühend gemacht und Christophorus auf das Haupt gestülpt werden. Unter dem eisernen Schemel, auf den man ihn setzte, wurde Pech entzündet, aber der Schemel erhitzte sich nicht zur Glut, sondern schmolz wie Wachs, und Christophorus stand wieder aufrecht vor seinen Peinigern. Der König fand in seinem Zorn immer neue Qualen. Er ließ hundert Pfeilschützen antreten und auf Christophorus zielen — aber siehe, die Pfeile blieben vor ihrem Ziel in der Luft stehen und fielen zu Boden. Einer der Pfeile wendete sich und traf des Königs Auge. Da sprach Christophorus: „Morgen, König, werde ich tot sein. Nimm dann etwas Erde und mische sie mit einem Tropfen von meinem Blut und lege sie auf das erblindete Auge, und du wirst wieder sehen.“ Am nächsten Tag wurde Christophorus enthauptet. Und wie er es geheißen hatte, nahm der König Erde,

vermischte sie mit dem Blut des Märtyrers und bestrich sein Auge. Er fand sein Augenlicht wieder und glaubte von dieser Stunde an den Gott, für den Christophorus sein Leben hingegeben hat.

In den dreißiger Jahren dieses Jahrhunderts, als man Kalk und Tünche von der Decke und den Seitenwänden des Grazer Domes herunterklopfte, kamen neben anderen Bilderresten auf der linken und rechten Längsseite einander gegenüber zwei riesenhohe Christophorusgestalten zum Vorschein. Der Leibrock des einen und sein Überwurf sind in den österreichischen und steirischen Farben gehalten. Auf dem Haupt sitzt der steirische Herzogshut, und die Gesichtszüge sind die des Kaisers Friedrich III., dem zu Ehren dieses Bildnis zum ewigen Gedächtnis errichtet wurde. Der Platz der beiden Christophorusgestalten ist links und rechts der gleiche: über den einstigen Seitenportalen. Das hatte nun seinen besonderen Sinn. Es liegt im Vertrauen jener gotischen Jahrhunderte, daß jeder, der einmal am Tag mit frommem Aufblick an einem Christophorus vorüberging, an diesem Tag von Unglück und jähem Tod verschont bliebe. Im Grazer Dom sollte dieser Schutz jeden Kirchenbesucher begleiten, ob er nun auf der Epistelseite oder Evangelienseite wieder hinausgetreten war in das Weltleben.

Den Fahrenden und Fuhrleuten allen, die über Land zogen, leuchtete von den Türmen und Außenwänden der Kirchen und Kapellen das Bildnis des Heiligen groß und farbenfroh entgegen. Halb vergessen war dieser Schutzpatron der Landstraße, bis ihn die neue Zeit wieder entdeckte. Die Autofahrer befestigen runde und eckige Plaketten neben dem Lenkrad, und zur „Autoweihe“ versammeln sich Hunderte von Kraftfahrern im Gedanken an Christophorus und nehmen auch von dieser Feier ein Bild des Heiligen mit. Und wenn es auch viele oder die meisten später zu anderen Talismanen legen, ein wenig Vertrauen und Hoffnung knüpfen sie doch daran in der wiedererweckten Erinnerung an den Heiligen, der einmal unter vielen Schutzbefohlenen auch seinen Herrn und Gott durch den gefahrvollen Strom glücklich ans Ziel geleitet hat.

Oswald

Mit dem ersten Frühschein krachen schon die Böller von den Leiten in das einsame Waldtal. Prangtag ist heute — Oswaldisonntag.
Schon zur Zeit der Frühmesse ist das Dörflein lebendig und das Kirchlein voll Andächtiger. Und nicht mehr ein Ruf in die Kirche ist das Läuten der kleinen, bimmelnden Glocken, es tönt nur wohlgefällig — wie eine zufriedene Bestätigung und ein fröhlicher Segen über dem mächtigen Andrang. Kapuziner aus der nahen Stadt hat der Pfarrer heute zur Aushilfe gebeten. Und jede halbe Stunde läuten die Glocken, und immer wieder zur neuen Messe ist die Kirche neu gefüllt.
Heute sind es nicht nur die Pfarrbewohner allein, die einer gewöhnlichen Sonntagspflicht genügen, heute wallfahrtet das fromme Bauernvolk von weit und breit herbei zum Oswaldikirchlein, um dem lieben vertrauten Schutzpatron von Stall und Acker Lob und Dank zu zollen. Am frühen Vormittag kommen schon die Kinder. Die Mäd-

chen mit den gedrehten Locken, die sie schon den ganzen Samstag mit Zuckerwasser und verschluckten Tränen bereiteten, in papierweißen steifen Röcken und zierlichen Hirtentaschen an der Seite. Aber sie schauen doch neidig nach vorne zu den Bubenreihen. Die haben heute einen eigenen Schmuck angelegt, so schön und so sonderbar, wie er den Mädchen nie gestattet ist. Heute sind die Buben ja „Oswaldibuben". Und da tragen sie lange Stäbe mit Blumengewinden in den Händen und auf dem Kopf sogar eine goldene Krone. Und in diesem feierlichen Kleid üben sie ihr feierliches Amt: Wenn die Leute aus der Kirche drängen und sich, Männer und Frauen getrennt, zum Umgang ordnen, wenn die Prangschützen mit ihren altertümlichen Stutzen zum Abmarsch stehen, dann erheben die Buben einen reich mit Blumen und Grün gezierten Tragtisch, auf dem der heilige König Oswaldus mit seinem Raben thront, und tragen ihn mit beim heiligen Flurgang um das Dörflein. Hell und im Dreiklang ertönt der Rosenkranz der Weiber, in besinnlichem Baß wiederholen die Männer ihr anbetendes „Heilig, heilig, heilig ...". Und dazwischen hinein schmettern die Hörner einen frohgemuten Soldatenmarsch, während die Chorsängerinnen die vielen Strophen des „Pange lingua" mit ihrem mundartlichen Beiklang traulich vermischen.

Viermal hält der Zug unterwegs an geschmückten Altären, die Weihrauchfässer werden geschwungen, das lateinische Evangelium hallt

segnend über die Äcker und Wiesen hin, und eifrig klingeln die Glocken, wenn aus der Goldmonstranz die Gnade in die vier Weltrichtungen stahlt.
Dann ist der Zug wieder in der Kirche. Warm und voll Wachsduft schwelt die Luft über den Bänken, fast welken die Blumen schon auf dem Hochaltar, weil die Sonne durch die Seitenfenster ihre ganze sommerliche Macht hereinschickt. Es ist nicht verwunderlich, wenn da und dort einer, der eine schwere Arbeitswoche hinter sich hat, einnicken möchte. Aber der Kapuziner, der eben auf die Kanzel steigt, hat eine abgründige Stimme, die wie ein Orgelbaß durch den vollen Raum klingt. Und die frommen Zuhörer freuen sich alle Jahre wieder über das „tugendhafte Leben des heiligen Oswaldi", das ihnen der weißbärtige Pater im braunen Kleid in ein gelockertes Gedächtnis ruft...
Der heilige Oswald war ein Engländer. Sohn eines mächtigen Fürsten, verlor er in früher Jugend seinen Vater. Er selbst und seine Brüder waren noch zu jung, dem Vater auf den Thron zu folgen und den Feinden Widerstand zu leisten. Sie flohen, und Oswald führte die Hand Gottes in weiser Voraussicht in das Kloster Jona in Irland. Dort hörte der Jüngling zum ersten Mal vom christlichen Glauben. Bald erwachte in ihm der Wunsch nach der Taufe. Da erreichte Oswald in den Frieden des Klosters hinein die Kunde von der Ermordung der Brüder, die inzwischen die Regierung im Lande des Vaters angetreten hatten, und er mußte seine geliebte

Zufluchtsstätte verlassen und die Herrschaft übernehmen. Christ, der er geworden war, wollte er für sein schweres Amt den Segen Gottes und der Kirche erbitten. Während eines feierlichen Gottesdienstes sollte er gesalbt werden. Doch da entfiel dem Bischof, der ihn zum König salben sollte, das kostbare Gefäß mit dem heiligen Öl. Es zerbrach, das Öl verrann. Oswald in seiner Bedrängnis erhob Augen und Herz gegen Himmel — und siehe, der Himmel hatte Erbarmen: Durch ein offenes Fenster flog ein großer schwarzer Rabe, in seinem Schnabel eine kostbare Büchse mit Chrisam und einen Brief, worauf zu lesen stand, daß der heilige Petrus selbst zu seinen Lebzeiten dieses heilige Salböl geweiht habe. Mit großer Freude empfing Oswaldus das vom Himmel gesandte Tier, und unter lautem Jubel des Volkes konnte die Königsweihe vollzogen werden. Der Rabe aber wich nimmer von der Seite des Königs.

Als Oswald daran dachte, sich eine Frau zu werben und ein schönes Mädchen im Sinne hatte, dessen Vater aber ein grausamer Tyrann war und jeden Freier kalten Herzens erdrosseln ließ, tat ihm der Rabe den schönsten Freundschaftsdienst. Er nahm den Ring, den Oswald seiner Braut zugedacht hatte, in seinen Schnabel und flog damit in das Schloß der Jungfrau und ihres hartherzigen Vaters. Dieser sonderbaren Werbung verdankte Oswald sein getreues Weib, mit dem er viele Jahre in Glück und Wohlstand zusammenlebte.

Seine Hauptsorge, die er als christlicher König

empfand, galt der Bekehrung aller seiner Untertanen. Wo es anging, ließ er Altäre errichten, damit von diesen weißen Tischen weg der Segen über das Land hin wandere und die Herzen des Volkes bereite.

Aber sein friedliebendes Tun blieb nicht ungestört. Mit einem Heere, dem Oswald nur ein ganz kleines Trüpplein Reisiger entgegensenden konnte, bedrohte ein König des Nachbarlandes den Frieden seines Reiches. Da errichtete er mit eigener Hand auf freiem Feld ein riesengroßes Kreuz, kniete nieder und betete. Auch seine Krieger hieß er dasselbe tun. Also gestärkt und ermutigt, erwartete er mit den Seinen die Schlacht. Und siehe, die heranbrausende Übermacht zerschellte an dem kleinen Turm der frommen Männer, der feindliche König fiel — und ungestört konnte der König fortan seinem Heilswerk dienen.

Aus dem Kloster Jona, in dem Oswald einst die Taufe empfangen hatte, erbat er sich einen frommen Priester namens Aidan, der als Bischof des Reiches die Bekehrung vollführen sollte. Mit ihm zog nun Oswald, schier wie ein dienender Begleiter, von Stadt zu Stadt und von Dorf zu Dorf und bis in die entlegensten Täler des Landes. Wo die Leute die Sprache des Bischofs nicht verstanden, erhob sich der König nach der Predigt und übertrug sie in die heimatliche Mundart. Der Bekehrung und wachsenden Frömmigkeit des Volkes folgte großer Wohlstand, und das Reich und die Herrschaft standen mächtig da wie nie zuvor. Dessen aber nicht achtend, blieb König Oswald demütig und voll heiliger Liebe zu allen, vor allem zu den Armen seines Reiches. Es war eine gesegnete Zeit — für den König sowohl wie für das Land und die Leute. Aber mitten in den Frieden hinein brach wieder der Feind, unverhofft und mit unerdenklicher Übermacht. Oswald und die Seinen waren nicht gerüstet und wurden geschlagen. Der König selbst verlor das Leben in der Schlacht. Wie sein göttlicher Meister sprach auch er mit sterbendem Munde: „Herr, der Seelen meiner Brüder erbarme dich!" Also geschehen am 5. August des Jahres 642.

Wo das Blut des heiligen Königs von der Erde aufgetrunken wurde, fand das gläubige Vertrauen des Volkes bald einen vielbesuchten Zufluchtsort. Wunderbar wurden Kranke geheilt, und der Ruf der Heiligkeit, der dem König schon zu seinen Lebzeiten zuteil ward, wuchs immer mehr und verbreitete sich über alle Lande.

In der Klosterkirche zu Bardney in England, wo seine Gebeine bestattet wurden, und in allen Kirchen des Abendlandes, die Reliquien besitzen, erhob sich alsbald eine fromme Zuversicht und ein immer wieder bestätigtes Vertrauen zum königlichen Fürbitter, der auf Erden große und im Himmel größere Macht besitzt. Und so ist es geblieben bis zum heutigen Tag — in England, in Flandern, in den Schweizer Alpen und nicht zuletzt auch in unserem Bergland, wo sein liebes Bild aus unzähligen Feldkapellen und Dorfkirchen dem Bauernstand in fürsorglicher Verheißung entgegengrüßt und dem heiligen König

Oswald alljährlich am Sonntag nach seinem Namenstag mit buntem, bäuerlichem Gepränge ein dankbarer Triumphzug gehalten wird.

Bartholomäus

❀

In den hohen Birnbaum vor dem Fenster haben sich über Nacht die ersten roten Blätter gehängt. Wolkenrein, aber schon leicht verblaßt, ragt der weite Himmel über den Kranz der Wälder. Es geht immerzu ein leichter Wind von der Alm her, der die verfärbten Blätter im Birnbaum deutlich macht und die Astern in steter wiegender Bewegung hält. Plötzlich aber wirft sich der Wind auf. Und in seinen ersten großen Stößen bringt er einen neuen Klang über die Hügel und Wiesen mit. Noch einen, dann stockt es und beginnt wieder: Klong, klong — kling, klong — klong: Hoch am Berg steht die erste Windmühle, die die Holzhämmer über die tönende Latte treibt und Jahr für Jahr an diesem 24. August, am Tage des heiligen Bartholomäus, ihr klapperndes Herbstlied beginnt. Wie der Wind stärker wird, bringt er auch von weiter her und von allen Seiten neue, trockene, hartsilbrige Klänge. Es drängt zum Rundgang durch den späten Nachmittag. Vor jedem Bauernhof steht der hohe schlanke Baum, und zuhöchst dreht sich, langsam bald und bald wieder rasch, wie es der Wind eben will, der blanke Radstern und wirft mit seiner Achse die hölzernen Hämmerchen. Da und dort hat ein findiger Knecht wohl auch ein tanzendes Paar aus Holz geschnitzt und läßt es hoch in der Luft zum Takt der eintönigen Weise tanzen. Die diebischen Vogelschwärme soll das Geklapper aus den Kukuruzreihen und den Weinbergzeilen verscheuchen, und es mag eine ganz frohe Musik sein dann und wann im frischen Wind, eine lustige Weise, die voll Vorfreude ist auf die gediehene Ernte und die Traubenlese auf den sonnseitigen Rieden.

Aber immer öfter wird es ganz still und bleibt lange still, und der einzelne Schlag aus der Windmühle wird merkwürdig laut und hat einen bangen, verhallenden Nachklang.

Auf dem Heimweg vor dem Kreuz am Eingang zum Kirchdorf schlagen gerade die Wallfahrer den Straßenstaub aus ihren Gewändern. Nach der Frühmesse sind sie schon ausgezogen zum Bergkirchlein hinter dem dritten Hügelkranz und haben dem Patron dieses Tages in seinem Heiligtum den Dank für den gesegneten Sommer gebracht. Nun sind sie wieder daheim und beten noch einmal durch den Markt in die Kirche zurück. Barthlmätag...

Noch ehe der Herr Jesus Christus vor aller Welt zu lehren begonnen hatte, zog Johannes, der Täufer genannt, durch das Heilige Land und predigte zur Buße und Umkehr. Jünger zogen mit ihm den harten Weg der Entsagung und

Apostel Bartholomaeus

unter ihnen auch einer, der später vom Herrn selbst berufen ward, sein Jünger zu sein. Er hieß Bartholomäus. Er war ergeben und treu und gläubig wie alle anderen Apostel. Doch immer war ein besonders klarer Freudenschein über sein Antlitz gebreitet. So war es seit jenem Tag, da der Meister zu ihm das Wort gesprochen hatte: „Siehe, ein wahrer Israelit, an dem kein Falsch ist." Als nach der Himmelfahrt des Herrn die Apostel und Jünger auseinandergingen und hinzogen, wohin der Geist sie führte, pilgerte Bartholomäus auf langen Straßen bis nach Indien, um dort den Namen und die Botschaft seines Herrn zu predigen.
Sein Wanderweg war ein Wunder. Ihm zu seiten, ihm voran und in seinem Gefolge schritten Engel. Zwar nicht sichtbar waren sie den Menschen in den Dörfern und Städten, durch die der Apostel zog, ihm aber dienten sie wie einem Herrn. Sie sorgten für Speise, wenn ihn hungerte, reichten klares Wasser, wenn ihn der Durst auf den heißen Wegen befiel. Sie fächerten dem Wandernden immerzu kühlenden Wind um die Stirne und machten, daß er nie müde ward. So schritt er immer rüstig, immer heiteren, lächelnden Blickes dahin, schier wie ein König in seinem wehenden weißen Mantel, der am Saum geziert war mit roten Edelsteinen. So kam er auch ohne Müdigkeit nach einem heißen Wandertag in eine Stadt. Schon unterwegs sah er, wie von allen Seiten Kranke auf Krücken der Stadt zustrebten oder auf Wägelchen und Tragtieren geführt wurden. Immer dichter wurden die Menschen-

scharen, je näher er der Stadt kam. Und es ward ihm bewußt, daß in jener Stadt ein Tempel stehen müsse und daß in diesem Tempel ein falscher Gott die Menschen narrte. Von weither kamen die Kranken zu diesem Götzen, denn es ging die Rede, daß er alles Übel und jede Sucht durch seine Macht vertreiben könne. Laut verkündete dies das tönerne Bild selbst gutgläubigen Kranken und Pilgern. Da nun aber der Apostel Bartholomäus den Tempel betrat, verstummte der Götze. Die Leute wußten sich die plötzliche Stummheit nicht zu deuten. Keiner kannte Bartholomäus und keiner wußte, daß die Engel des heiligen Mannes den Abgott gefesselt hielten und nicht zuließen, daß er weiter die Menschen betöre. Diese aber zogen nach langem Warten in die nächste Stadt, in welcher ein anderer Götze thronte. Von ihm wollten sie Auskunft und Rat, was geschehen sei und was sie beginnen sollten, da ihre Hoffnung und ihr Heil so jählings zunichte geworden. Und sie erfuhren, daß ein fremder Mann mit Namen Bartholomäus die Macht des heidnischen Gottes gebrochen hatte. Dieser Bartholomäus aber sei der Freund des Christengottes und von diesem gesandt, die Götter Indiens von ihren Altären zu stürzen. Bartholomäus sei ein schöner Mann mit strahlend hellem Antlitz und schwarzem Haar und in kostbare Kleider gehüllt, denen weder Staub noch Regen Schaden anhaben könne. Angsterfüllt und ergrimmt zogen die Leute wieder in ihre Heimatstadt zurück und erzählten allen, warum ihre Gottheit verstummt und wie der Feind ihres Tempels aussehe. Und wiewohl der heilige Apostel immer in der Stadt umherging, erkannte ihn doch keiner von den vielen, die ihn suchten. Unbemerkt und unerkannt ging Bartholomäus durch die Reihen der Heilungsuchenden. Es war aber auch einer unter den Kranken, dessen Übel nicht von ungefähr war. Der böse Geist war in ihm. Keiner seiner Verwandten und auch der Kranke selbst wußten nicht, daß alle Qual und Verzerrung in der heimlichen Einkehr des Widersachers ihre Ursache habe. Es geschah, daß Bartholomäus an diesem Besessenen vorüberging. Da schrie der böse Geist, der im Kranken wohnte, auf: „Bartholomäus, warum peinigst du mich so sehr mit deinen Gebeten?“ Bartholomäus aber gab ihm mutig zurück: „Verstumme, du böser Geist, und entweiche aus dem Leibe dieses Menschen!“ Kaum hatte er das Wort gesprochen, erhob sich der Mann und war gesund. Und die Menge rundum, die alles gehört und gesehen hatte, brach in Jubel aus über das Wunder. Und von Mund zu Mund flog die Kunde, und bald auch kam es dem König des Landes zu Ohren, daß einer gekommen sei, der Bartholomäus heiße und mehr Macht habe als die alten Götter. Da schickte der König seine Boten aus und hieß sie, Bartholomäus zu suchen und ihn zu bitten, an den Königshof zu kommen und die Prinzessin zu heilen. Die Boten fanden den Diener Gottes, und er ließ sich von ihnen vor den König führen. Dort sah er die Prinzessin: Ihr Antlitz war von Schmerz entstellt, und ihre Hände waren ihr über den Rücken mit eisernen Ketten gefesselt. An diesen Ketten führten die Diener die arme Kranke und hielten sie fest, denn sobald sie frei umherging, stürzte sie sich auf jeden Menschen und verbiß sich in ihn. Solcherart war ihre wütende Krankheit. Bartholomäus blickte sie an und befahl den Dienern: „Bindet sie los." Diese aber getrauten sich nicht, zu gehorchen. Erst als Bartholomäus ihnen versicherte, daß er Macht habe über den Geist, der die Kranke so heimsuche, taten sie nach seinem Willen. Und siehe! Froh und gesund und ihrer Fesseln ledig, wollte die Tochter des Königs auf den Mann Gottes zutreten und ihm für die wunderbare Heilung danken. Aber Bartholomäus war plötzlich verschwunden.

Der König ließ Kamele und andere Tiere reich mit Geschenken beladen und schickte abermals seine Boten aus, dem Wundertäter zu danken. Sie fanden ihn nicht. Unversehens aber trat Bartholomäus am nächsten Morgen in das Gemach des Königs und tadelte ihn, daß er ihn mit Geschenken bedenke, die nur der Eitelkeit dieser Welt dienten. Er sei nicht gekommen, Schätze zu sammeln und Reichtümer, sondern Christus zu verkündigen, der den Tod und den Teufel besiegt hatte. In Worten, die dem König tief zu Herzen drangen, verkündigte der Heilige die Botschaft der Erlösung. Und der König erkannte, daß Bartholomäus der Bote des wahren Gottes sei, und ließ sich taufen. Mit ihm traten sein Hof und viele Menschen an Bartholomäus heran und empfingen das Zeichen des Heiles.

Darüber waren die Götzenpriester erzürnt und hielten Rat, wie sie ihre Macht auch weiterhin erhalten könnten. Sie beschlossen, sich mit Astyages, dem Bruder des Königs, der im Nachbarreiche herrschte, zu verbünden. Dieser ereiferte sich sehr über die Abtrünnigkeit und schickte Soldaten aus, den Verkünder der neuen Lehre zu fangen. Nicht lange suchten die Krieger Bartholomäus; sie fesselten ihn und schleppten ihn vor Astyages. Dieser nun forderte ihn auf, den Göttern des Landes zu opfern. Bartholomäus widersagte und sprach: „Wenn du mächtig bist, meinen Gott zu fesseln und zuschanden zu machen, so will ich deinen Göttern opfern. Aber wisse, daß zu dieser Stunde dein Gott von seinem Altare stürzt und seine Herrlichkeit zu Ende ist!" Bald nach diesen Worten trat ein Priester ein und meldete dem König, daß das Bild der Gottheit plötzlich auf den Tempelboden gestürzt und auf den Fliesen zerschellt sei. Da entflammte Astyages in mächtigem Zorn, rief seine Büttel herbei und ließ Bartholomäus züchtigen. Das heitere Lächeln aber wich auch unter den ärgsten Mißhandlungen nicht aus dem Antlitz des heiligen Mannes. Darüber erzürnte der König noch mehr und befahl, dem Künder der fremden Lehre mit scharfen Messern die Haut vom Leibe zu schinden.
So geschah es. Die Neugetauften aber nahmen den Leichnam des Märtyrers, begruben ihn und verehrten mit großer Andacht das Grab. Zahlreiche Wunder geschahen, doch die Götzendiener, über den ständig wachsenden Zulauf des

Volkes zum Grabe verdrossen, rissen den Leichnam wieder aus der Erde, legten ihn in einen bleiernen Sarg und versenkten ihn im Strom. Der Strom aber wälzte die kostbare Last immer weiter, bald schwamm der Sarg im Meer, und auf weiten mächtigen Wogen fuhr der heilige Leichnam an vielen Ländern vorbei, bis er endlich nach wunderbarer Fügung an der Insel Libaria ans Land getrieben wurde. Lange lag hier der Sarg unbekannt. Da erschien einmal der Apostel einem Mönch im Traum und hieß diesen seine Gebeine sammeln und in die Kirche von Benevent in Apulien bringen. Wunder über Wunder geschah nun an der neuen Ruhestätte des Heiligen, und sein Ruf drang weit über Italien hinaus.

Fromme Pilger, auch aus den deutschen Landen, zogen hin zu seinem Grab und trugen Splitter von seinem Gebein als kostbares Heiligtum wieder zurück in die Heimat. Kirchen und Kirchlein zu Ehren des heiligen Apostels und Märtyrers erstanden ringsum im Lande und blieben bis heute zu diesem späten Sommertag die gern besuchte Stätte wallfahrender Bauersleute. Und das Bild vom Hochaltare tragen die Pilger auf kleinen Einlegbildchen nachgezeichnet mit heim zum frommen Angedenken: Auf der Richtstätte steht der Heilige, blutüberströmt, das Schindmesser und die abgezogene Haut auf den Händen tragend.

Wie einmal die Gerber und Fleischhauer bei dem Anblick dieses Bildes sich entschlossen, rasch und bedenkenlos den Heiligen zu ihrem Schutzpatron zu wählen, kann unsere Zeit vielleicht nicht mehr ganz verstehen. Wir erfreuen uns mehr an der Sage aus dem steirischen Oberland, die sich in milder Liebe um den Heiligen bewegt: Zu Zeiten, da der Tag des Heiligen als Aposteltag noch streng und rechtschaffen gefeiert wurde, es mögen fünfzig oder hundert Jahre vergangen sein seitdem, glaubte eine Bäuerin, sie könne die Zeit der Arbeit nicht entbehren und müsse ausgerechnet am Bartholomäustag ihren Krautgarten jäten. Da erschien ihr der Heilige in der ganzen Traurigkeit seines blutenden Körpers, die Haut über die Schulter geschlagen. Das Weib erschrak zuerst, dann aber, als sie den Heiligen nach seinem Bilde doch gleich erkannte, bemitleidete sie ihn sehr ob seines Jammers. Er aber sagte: „Nicht ich bin des Mitleides wert, aber du dauerst mich, Weib, daß du an meinem Feiertage arbeiten mußt und nicht in die Kirche findest.“ Da erhob sich die Bäuerin in großer Reue von ihrer Arbeit und brachte dem Heiligen ein großes Stück Butter, um die Qualen seines wundenreichen Leibes zu lindern. Und seit damals soll der Butter, die an diesem Tage aus dem Faß kommt, eine wunderbare Heilkraft innewohnen.

Martin

Am Martinitag oder, wenn er auf einen Wochentag fällt, am Sonntag davor oder danach feiert man immer noch ein kleines Fest dem Heiligen zu Ehren. Marktstände, an denen Zukkerwerk, Spielzeug und Lebzeltherzen feilgeboten werden, säumen den Platz um die Kirche, und eine Blasmusikkapelle mischt ihre Weisen in das Geplauder der Großen und Kleinen, die auf das Glockenzeichen warten, das zum Hochamt ruft. Früher einmal, als das Schloß Sankt Martin bei Graz noch zum Eigentum des obersteirischen Stiftes Admont gehörte, kam immer, wohl nach jahrhundertealtem Brauch, der Prälat aus seinem Ennstaler Kloster herunter, um in der dichtgefüllten Kirche vor dem breiten, prunkvollen Hochaltar in einem levitierten Pontifikalamt den „Heiligen zu loben".

„Martiniloben" hieß aber auch im Volksmund das festliche Mittagessen, zu dem die Straßganger Musikanten im Schloßhof ein Ständchen spielten und an dem, wie es der Brauch verlangte, eine gebratene Gans aufgetragen wurde. Und wer das Brustbein auf seinen Teller bekam, verkündete je nachdem, ob es eine hellere oder dunklere Färbung zeigte, den schmunzelnden Gästen einen strengen oder einen milden Winter. So nahm man von dem frommen Fest den alten Orakelspruch in mehr heiterer als ernster Neugierde als Andenken für die kommenden Monate mit. Den Kirchgängern aber, wahrscheinlich vor allem den Kindern, blieb wohl stärker der im Jahr nur einmal betrachtete und von vielen zum ersten Mal gesehene mächtige und gestaltenreiche Aufbau über dem Altar im Gedächtnis: In der Mitte der heilige Martin als Reitersmann auf einem lebensgroßen Pferd, wie er eben einem Bettler die Hälfte seines Mantels hinunterreicht. Links und rechts präsentieren sich — ebenfalls hoch zu Roß — der Apostel Paulus und der Schmiedepatron Eligius. Schöpfer dieses Altares ist der große Barockbildhauer Josef Thaddäus Stammel, und es wird erzählt, daß ihm der Admonter Abt, als er zum ersten Mal das vollendete Werk betrachtete, schalkhaft zugerufen habe: „Ich weiß nicht, bin ich in eine Kirche oder in einen Pferdestall geraten?“

Durch Jahrhunderte herauf, wo immer der heilige Martin auf seinem Schimmel den Altar einer Bauernkirche bekrönt, ist er zu einem Lieblingspatron des Landvolkes geworden. Wie eindrucksvoll und beispielweisend der Heilige von der kindlichen Einfalt aufgenommen wurde, zeigt das liebenswürdige Erlebnis Peter Roseggers, des Waldbauernbuben, der nach einem

St Martin.

Martinikirchgang in Ratten, wo er das Bild und die Legende betrachtet hatte, sein neues Sonntagsjöpplein mit dem Taschenfeitel die Rückennaht entlang auftrennte und die Hälfte einem armen alten Mann zugeworfen hat.
„Der Martin kommt auf dem Schimmel geritten", so lautet ein altes Loswort, das den ersten Schnee des Winters für seinen Tag verheißt oder erhoffen läßt. Am Vorabend seines Festes gab und gibt es in vielen Alpengegenden und bis nach Nordfrankreich Umzüge mit Lichtern und Laternen, mit Lärm und Gestampfe; Hirten, Weingartenhauer und Kinder ziehen durch die Dörfer und erhalten für ihre Segenswünsche zu Winterbeginn in jedem Haus ihren Lohn und wohl auch einen Bissen vom reichen Mahl, das noch einmal vor dem einst strengen Adventfasten gehalten wurde: das „Martiniloben", für das die spätherbstliche Schlachtzeit von ihrem Überfluß vieles bereit hielt. Ein Bettlergott also, unser heiliger Martin, eine Erntegottheit, die sich im Gewande eines frommen Reitersmannes durch die Jahrhunderte herauf vor dem strengen Wächter des rechten Glaubens versteckt gehalten hat? Es mögen manche Erinnerungen an die heidnische Vorzeit sich in den Feiertagen zu Winteranfang eingenistet haben, und dem durch die Herbstnebel reitenden Martin mochte man manche Eigenheit ansehen, die aus der alten deutschen Religion überliefert ist. So denkt und dichtet das Volk. Es will nichts wegwerfen, was ihm einmal erhaben schien, es beschwört die Himmlischen und dankt ihnen und feiert sie,

auch wenn sie längst andere Namen angenommen und uralte Festzeiten und Kultstätten in Besitz genommen haben. Ob das alles oder vieles von ihm heute noch gilt, will ich nicht sagen. Im äußeren Aufzug, in manchem Volksgesang ist wohl ein Nachklang lebendig geblieben.

Vielen mag über diesen Überlieferungen entfallen sein, daß Martin keine Ausgeburt der Volksphantasie, keine Legendengestalt und kein Sagenheld war, sondern wirklich gelebt hat, ein weithin reichendes Wanderleben, das ihn vom heutigen Ungarn über Italien nach Frankreich führte. Er ist dabei wohl da und dort länger geblieben oder hat an gewissen Orten zu kurzer Rast Zeit gefunden. Grund genug, daß man ihm, dem ersten Heiligen, den die römische Kirche kanonisiert hat, an solchen Stätten Kirchen erbaute, daß man ihm die Erquickung der vielen Martinbrünnlein und -quellen zuschrieb und die Steine verehrte und mit Sagen umkränzte, an denen er rastete und von seinen Tritten und den Hufen seiner Pferde Spuren hinterlassen hat.

Um 316 wurde er in Sabaria geboren, einer wichtigen Stadt in der römischen Provinz Pannonien — heute heißt der Ort Steinamanger oder ungarisch Szombathely. Sein Vater war als Tribun ein einflußreicher Mann in römischen Diensten, der seinen Sohn in Pavia erziehen ließ. Schon im Alter von 15 Jahren war Martin Soldat und durfte bald in der Garde des Kaisers Konstantinus und darauf in jener des Kaisers Julian dienen. So kam er in kaiserlichem Auftrag durch

viele Provinzen des römischen Imperiums. In Gallien, in der Nähe des heutigen Amiens, sah er einmal im Schneetreiben einen nur mit Fetzen bekleideten, frierenden Bettler am Wegrand liegen. Da Martin — schon nahe an seinem Reiseziel — weder Geld noch Proviant in seiner Tasche hatte, es ihn aber herzlich verlangte, dem Armen ein Zeichen seiner Zuneigung zu geben, riß er seinen warmen wollenen Reitersmantel von der Schulter, trennte ihn mit einem Schwertstreich mittendurch und reichte die Hälfte dem am Boden kauernden Alten. In der Nacht darauf erschien dem jungen Offizier Christus, bekleidet mit der Hälfte des Mantels, die Martin tags zuvor dem Bettler geschenkt hatte. Erschüttert erwachte er. Der Achtzehnjährige begehrte die Taufe und zog sich, nachdem er Abschied von den Soldaten genommen hatte, in die Einsamkeit der Insel Galvaria zurück, wo er sich in Gebet und Betrachtung auf seinen eigentlichen Beruf vorbereiten wollte. Hilarius von Poitiers war sein geistlicher Lehrer, und im Jahr 360 zog er ganz zu ihm und gründete mit einer Schar junger Menschen, die er um sich gesammelt hatte, das erste Kloster in der römischen Provinz Gallien.
Was Martin von seinen Mitbrüdern verlangte, war kein Fanatismus, es waren eine fromme Weltoffenheit und nie ermüdende Sorge um das Heil und die Seele der Menschen. Er fand im ganzen Land viele Freunde und Verehrer, die von der Reinheit seines Glaubens und Lebens und von seiner Macht, Wunder zu wirken, über-

zeugt gewesen sind. Aber auch seine Feinde hatten sich gegen ihn zusammengetan. Die Sekte der „Arianer“ trat geschlossen gegen ihn auf. Aber wer ihm persönlich gegenübertrat, wurde von seinem Blick und von der Kraft seines einfachen Wortes getroffen. Die Bischöfe Galliens, die noch nicht erkannt hatten, daß sich das alte Römische Reich mit seinen Potentaten, aber auch mit seinen Kulturen und seiner Geistigkeit dem Ende zuneigte, traten heftig gegen Martin auf, als das Volk ihn als Bischof von Tours begehrte. Aber die Volkesstimme war stärker. Martin übernahm das Bistum, das er unermüdlich predigend und Wunder wirkend durchreiste. 370 stiftete er in seiner Residenzstadt das Kloster Marmutier, ein geistliches Zentrum, aus dem in den folgenden Jahrzehnten viele Bischöfe hervorgegangen sind. Eine wichtige Reise führte ihn nach Trier, um Kaiser Maximus mit der Kraft seiner Worte zu bewegen, die zum Tode verurteilte Christin Prixiliana zu begnadigen. Sein mannhafter Auftritt erwarb ihm den Respekt des Herrscherpaares. Die letzte seiner Seelsorgereisen führte ihn geradewegs in den Himmel. Um sein Grab in Tours standen Tausende von Mönchen und Nonnen, um das „Suscipe“ zu singen: „Nimm auf, Herr, meine Seele!“
Seine Verehrung in Kirchen und Pfarren wuchs ungemein rasch über die Grenzen Galliens hinaus. Seine Kirchen und sein Kloster wurden französisches Nationalheiligtum. Als die Merowinger die Frankenherrschaft errichteten, erwählten sie den heiligen Martin zu ihrem Schutz-

patron. Und noch Karl der Große ließ die Mantelhälfte des Heiligen als Feldzeichen mitführen. So weit die Franken ihr Reich ausdehnten, trugen fränkische Mönche das Bild des heiligen Reitersmannes mit dem Bettler zu seinen Füßen mit, um es auf den Altar einer ihrer neuen Kirchen zu stellen.

Keine Sage und keine Legende, sondern geschichtlich erwiesen ist, daß Martin im westlichen Ungarn geboren wurde. So ist er der Landespatron des Burgenlandes geworden und geblieben, und die Burgenländer in aller Welt feiern jährlich den Festtag des heiligen Martin, den 11. November, mit ihrem Frohsinn als Fest der Verbundenheit und der Zusammengehörigkeit.